180张图表
读懂

人力资源管理

周垒 编著

化学工业出版社
·北京·

内容简介

《180张图表读懂人力资源管理》一书，从人力资源规划、组织架构与岗位设置、人力资源配置、人力资源培训与开发、绩效管理、薪酬福利管理、员工关系管理七个章节，通过一系列图表，深入浅出地揭示了人力资源管理的精髓与实践智慧。本书巧妙运用180幅精心设计的图表，将人力资源管理的繁复理论、流程框架、经典模型及实战策略进行了高度提炼与直观展现，使复杂内容变得一目了然。

本书是精心策划与编撰的智慧结晶，旨在为人力资源专业人士、企业管理精英以及该领域的学习者与研究者提供一本既深入又直观的参考指南。

图书在版编目（CIP）数据

180张图表读懂人力资源管理 / 周垒编著. -- 北京：化学工业出版社，2025. 6. -- ISBN 978-7-122-47905-1

Ⅰ. F272.92-64

中国国家版本馆 CIP 数据核字第 2025VE5345 号

责任编辑：陈　蕾　　　　　　装帧设计：溢思视觉设计／程超
责任校对：宋　夏

出版发行：化学工业出版社
　　　　　（北京市东城区青年湖南街 13 号　邮政编码 100011）
印　　装：三河市双峰印刷装订有限公司
787mm×1092mm　1/16　印张 14¾　字数 325 千字
2025 年 7 月北京第 1 版第 1 次印刷

购书咨询：010-64518888　　　　售后服务：010-64518899
网　　址：http://www.cip.com.cn
凡购买本书，如有缺损质量问题，本社销售中心负责调换。

定　　价：78.00 元

前言

在当今瞬息万变、竞争激烈的商业环境中，人力资源已成为企业最核心的战略资源之一。人力资源管理已突破传统人事管理的框架，深度融入企业战略体系，全方位塑造企业的生命力、成长轨迹与市场竞争力。其核心聚焦于人才的吸引、甄选、培育、激励与留存，成为推动企业创新、提升运营效率及构建特色企业文化的关键驱动力。

《180张图表读懂人力资源管理》一书，是经过系统策划与编撰的智慧成果，旨在为人力资源专业人士、企业管理者、学习者及研究者提供一本兼具深度与直观性的实用指南。

本书特色：

- **内容体系化：**全书分为人力资源规划、组织架构与岗位设置、人力资源配置、人力资源培训与开发、绩效管理、薪酬福利管理、员工关系管理七大模块，系统覆盖人力资源管理全领域。

- **图表化呈现：**通过180幅精心设计的图表，将复杂理论、流程框架、经典模型及实战策略进行高度提炼与可视化呈现，使抽象内容直观易懂。

- **实战导向性：**图表配以精练解读，助力读者快速洞察管理精髓，将理论知识转化为实战能力。

本书作用：

- **助力专业成长：**为从业者提供系统化学习工具；

- **提升管理效能：**帮助管理者优化决策流程；

- **赋能团队建设：**指导企业打造高效能、强凝聚力、富有创造力的团队，在复杂多变的市场环境中稳健前行，迈向可持续发展。

鉴于作者水平有限，书中难免存在疏漏与不足，恳请广大读者批评指正，共同推动人力资源管理理论与实践的进步。

编著者

目 录

第 3 章 突破配置难题：让人才各得其所

第4章　解锁培训与开发：提升员工能力

第 5 章　绩效管理，激发团队活力

第 6 章　薪酬福利，构建人才激励体系

第 7 章　和谐关系：增强员工归属感

第 **1** 章

破解人力规划困局：精准布局，驱动企业腾飞

在企业的发展历程中，人力资源始终是最为宝贵的财富，而人力资源规划则是引领企业人力资源管理走向科学化、规范化、战略化的重要基石。在市场竞争白热化、技术创新日新月异的当下，能否制定并有效实施合理的人力资源规划，直接关系到企业的生存与发展。

第一节　人力规划，企业发展的隐形引擎

人力资源规划是企业总体规划中起决定性作用的重要组成部分，也是各项具体人力资源管理活动的起点、依据和纽带，具有先导性和战略性，能影响到企业整体人力资源管理的效率。

一、明确规划目的，锚定企业发展方向

人力资源的供求平衡（包括数量和质量）是人力资源规划的主要目的。人力资源的供求预测是为制定具体的供求平衡规划而服务的。所以，人力资源规划的一个任务就是要制定适当的政策，并采取相应的措施来调节人力资源供求的不平衡。

（一）人力资源的供求关系

企业人力资源的供求关系有图 1-1 所示三种可能的问题。

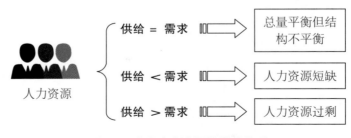

图 1-1　企业人力资源的供求关系

（二）不同情况的平衡措施

不同情况的平衡措施见表1-1。

表1-1　不同供求关系的平衡措施

序号	供求关系	平衡措施	
1	总量平衡、结构不平衡	根据具体情况制订针对性较强的各种业务计划，如晋升计划、岗位轮换计划、竞争上岗计划、培训计划等	
2	供应小于需求	（1）使其他岗位的富余人员转岗	积极政策
		（2）培训员工，使他们胜任人员短缺的岗位	
		（3）提高员工工作效率	
		（4）聘用一些兼职人员	中性政策
		（5）聘用一些临时性的全职人员	
		（6）把一部分业务转包给其他公司	消极政策
		（7）增添设备，以弥补人员不足	
3	供应大于需求	（1）扩大经营规模	积极政策
		（2）加强员工培训	
		（3）冻结招聘	中性政策
		（4）鼓励员工提前退休	
		（5）降低工资或减少福利	
		（6）实施灵活用工制度	
		（7）缩短员工的工作时间	
		（8）辞退员工	消极政策
		（9）关闭一些不盈利的子公司或分厂，精简职能部门	

二、掌握规划原则，筑牢人力根基

企业人力资源规划工作须遵循以下四点原则，具体说明如图1-2所示。

动态原则	适应原则	保障原则	系统原则
（1）人力资源规划应根据企业内外部环境的变化而调整（2）确保人力资源具体规划措施的灵活性及规划操作的动态监控	（1）适应内外部环境。人力资源规划应充分考虑企业内外部环境因素以及这些因素的变化趋势（2）适应战略目标。人力资源规划应当与企业的战略发展目标相适应，确保二者相互协调	（1）人力资源规划工作应能满足企业对人力资源的需求（2）人力资源规划应能够保证企业和员工共同发展	人力资源规划要反映出人力资源的结构，使各类人才恰当地结合起来，优势互补，实现组织的系统性功能

图1-2　人力资源规划的原则

三、剖析层次内容，构建完整人力蓝图

人力资源规划包括两个层次，即总体规划与各项业务规划。

（一）总体规划

人力资源总体规划是有关计划期内人力资源开发利用的总目标、总政策、实施步骤及总预算的安排。

（二）各项业务规划

人力资源业务计划是总规划计划的展开和具体化，具体内容见表1-2。

表1-2　人力资源业务计划的分类

类型	目标	政策
人员补充规划	人员类型、数量对企业人力资源结构及绩效的改善效果等	人员标准、来源、起点待遇等
人员使用规划	部门编制，人力资源结构优化，绩效改善，职务轮换	任职条件、职务轮换、范围及时间
升职或降职规划	保持后备人员数量，改善人员结构，提高绩效目标	选拔标准、资格、比例，试用期，人员安置
教育培训规划	素质与绩效改善，培训类型与数量，提供新员工，转变员工工作态度	培训时间，培训效果的保证
评估激励规划	降低离职率，提高士气，改善绩效	激励重点，工资政策、奖励政策及反馈
劳动关系规划	减少非期望离职率，改善劳动关系，减少员工投诉与不满	参与管理，加强沟通
退休解聘规划	控制编制，降低劳务成本，提高企业效率	退休政策，解聘程序等

四、合理规划期限，匹配企业成长节奏

人力资源规划期限是短期（1年）、中期（3～5年），还是长期（5～10年），一般要与企业的总体规模保持一致，同时与组织的其他规划相互协调，既受制于其他规划又为其他规划服务。组织规划与人力资源规划的关系如图1-3所示。

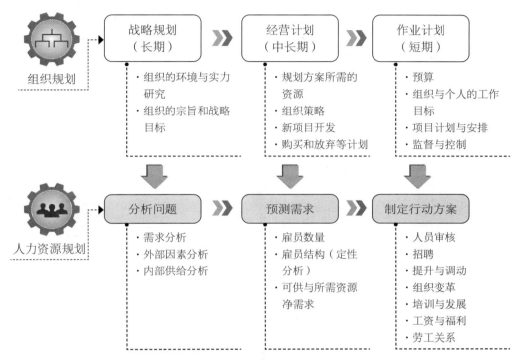

图1-3　组织规划与人力资源规划的关系

不同层次人力资源规划的焦点如图1-4所示。

战略规划层次

人力资源规划涉及组织外部因素分析、预计未来组织总需求中对人力资源的需求、估计远期的组织内部人力资源数量、调整人力资源规划，重点在分析问题上

经营计划层次（战术上的策略规划）

人力资源规划涉及对人力资源需求与供给量的预测，并根据人力资源的方针政策制定具体的行动方案

作业计划层次

涉及一系列的具体操作实务，要求任务具体明确、措施落到实处

图1-4　不同层次人力资源规划的焦点

五、依托信息系统，实现人力数据智能管理

规划的依据是信息。人力资源规划的效果如何，在一定程度上取决于企业人力资源信息系统建立与否及其内容的真实可靠程度。人力资源信息系统是组织进行有关人与人的工作方面的信息收集、保存、分析和报告的过程，它是通过计算机建立的、记录企业每位员工技能和表现的功能模拟信息库，是计算机用于企业人力资源管理的产物。

（一）人力资源信息系统的功能

企业人力资源信息系统除了为人力资源规划决策提供信息之外，还具有图 1-5 所示功能。

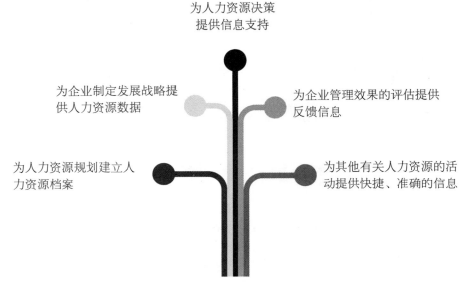

图 1-5　人力资源信息系统的功能

（二）人力资源信息系统的内容

（1）企业战略、经营目标及常规经营计划信息。
（2）企业外部的人力资源需求信息及对这些信息有影响的因素。
（3）企业现有人力资源的信息。

（三）人力资源信息系统的基础信息

一般情况下，人力资源信息系统至少应包含以下基础信息，具体说明如图 1-6 所示。

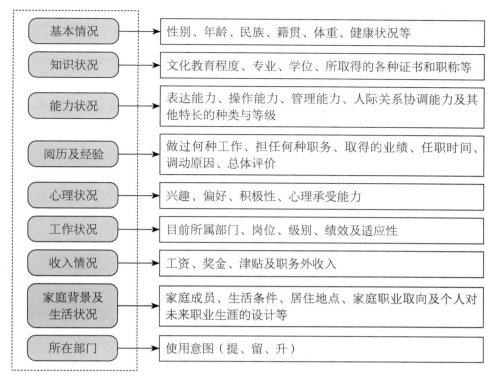

图 1-6　人力资源信息系统的基础信息分类表

（四）人力资源信息系统产生的报表及经营预测

有效的人力资源信息系统还可以产生若干重要的报表及与经营相关的预测，如图 1-7 所示。

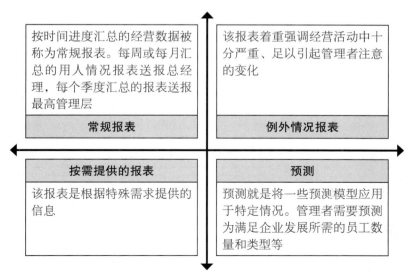

图 1-7　人力资源信息系统产生的报表及经营预测

六、巧用预算工具，让人力成本效益最大化

人力资源预算是人力资源规划强有力的工具，是人力资源部门根据企业的发展战略以及企业上一年度的人员及成本费用的统计情况，对下一年度的人员需求及成本费用的预测情况，并使之成为下一年度企业人力资源管理活动的指南。人力资源预算不仅有利于人力资源的计划工作，也有利于人力资源的组织和控制工作。

（一）人力资源预算的内容

人力资源预算是企业预算的主要组成部分，主要包括如图1-8所示的三方面。

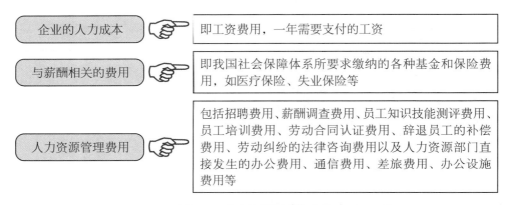

图1-8　人力资源预算的内容

（二）人力资源预算的实施步骤

人力资源预算的实施步骤见图1-9。

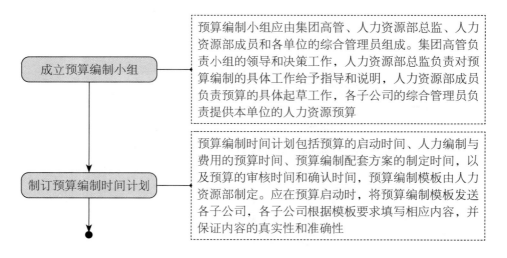

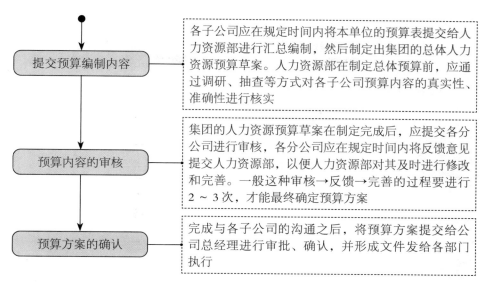

图 1-9　人力资源预算的实施步骤

第二节　人力规划实操步骤，从迷茫到清晰

人力资源规划是一个系统的过程，需要综合考虑企业的战略目标、经营环境、人员现状等多方面因素，以确保企业在合适的时间、合适的岗位上拥有合适的人员，其主要步骤如下。

一、战略目标先行，让人力规划有的放矢

企业的战略目标是人力资源规划的基础和出发点。它包括企业的长期发展愿景、中期经营目标以及短期的业务计划等。例如，企业计划在未来三年内将市场份额扩大50%，这就需要相应的人力资源来支持市场拓展、产品研发、生产运营等各项业务活动。人力资源规划要紧密围绕这些战略目标，确定人力资源的需求和供给方向。

二、准确盘点现状，摸清企业人力家底

对企业现有的人力资源状况进行全面的调查和分析。包括员工的数量、年龄结构、性别比例、学历层次、专业技能、工作经验、绩效表现等方面。同时，还要了解员工的工作满意度、职业发展需求等信息。通过现状盘点，企业可以清楚地知道自身人力资源

的优势和劣势，为后续的规划提供依据。

在调查分析阶段，要认清企业总体发展战略的目标和内外部环境的变化趋势。

（一）需调查的信息

人力资源规划中需进行调查的信息包括以下三个方面，具体说明如图1-10所示。

内容一 ▶ **企业与人力资源相关的基本信息**

（1）企业组织结构的设置状况、职位的设置及必要性
（2）企业现有员二的工作情况、劳动定额及劳动负荷情况
（3）企业未来的发展目标及任务计划，生产因素可能的变动情况等

内容二 ▶ **企业内部人力资源**

（1）企业现有员工的基本状况
（2）员工具备的知识与经验
（3）员工具备的能力与潜力
（4）员工的兴趣与爱好
（5）员工的个人目标与发展需求
（6）员工的绩效与成果
（7）企业近几年的人力资源流动情况
（8）企业人力资源结构与现行的人力资源政策等

内容三 ▶ **企业外部人力资源**

（1）劳动力市场的结构
（2）市场供给与需求的现状
（3）教育培训政策
（4）劳动力择业心理与整个外部劳动力市场的有关因素

图1-10 人力资源规划中需进行调查的信息

（二）调查表格

在调查过程中可以使用表格收集信息。

（1）企业员工年龄情况表，如表1-3所示。

表1-3 企业员工年龄情况表

年龄层次	25岁以下	26～30岁	31～35岁	36～40岁	41～45岁	46～50岁	51～55岁	55岁以上	合计
人数									
占总人数的比例/%									

（2）企业员工学历情况表，如表1-4所示。

表1-4　企业员工学历情况表

学历层次	高中以下	中专	大专	本科	研究生及以上	合 计
人数						
占总人数的比例/%						

（3）企业员工职位分类情况表，如表1-5所示。

表1-5　企业员工职位分类情况表

职位	人数	占总人数的比例/%
高层管理者		
总裁办工作人员		
财务部工作人员		
人力资源部工作人员		
行政管理部工作人员		
设备工程部工作人员		
生产部工作人员		
物控部工作人员		
质量部工作人员		
研发中心工作人员		
营销中心工作人员		
采购供应部工作人员		
尚在实习期，未确定职位人员		

（4）企业专业技术人员情况统计表，如表1-6所示。

表1-6　企业专业技术人员情况统计表

资格名称	人数	资格名称	人数	资格名称	人数	合 计

（5）离职人员信息汇总表，如表1-7所示。

表1-7　离职人员信息汇总表

姓名	年龄	原部门／岗位	最高学历	所学专业	职称	薪资标准	共支出薪资总额

因_____解除劳动合同____人；　　　　　　　因_____解除劳动合同____人。

（6）临时工使用情况统计表，如表1-8所示。

表1-8　临时工使用情况统计表

用工部门	用工数量	长期月工数量	主要用工岗位

（7）人员流入流出情况表，如表1-9所示。

表1-9　人员流入流出情况表

项目	研究生	本科	专科	中专	其他人员	合计
流入						
流出						
增减数						

（8）销售额与人员数量对照表，如表1-10所示。

表1-10　销售额与人员数量对照表

时间	＿＿年	＿＿年	＿＿年	＿＿年	＿＿年	＿＿年
销售额（百万元）						
员工人数（人）						
当年需增加人数						
当年员工流动人数						
当年需引进人数						

三、精准预测需求，避免人才短缺或过剩

预测人力资源需求是指根据企业的战略目标和业务发展计划，预测未来一段时间内企业对各类人力资源的需求数量、质量和结构。可以采用定性和定量相结合的方法进行预测，如德尔菲法、趋势分析法、比率分析法等。例如，根据企业的销售增长预测，预计明年需要增加20%的销售人员；根据新产品研发计划，预计需要引进一定数量的专业技术人才。

企业人力资源需求预测需基于企业的发展实力和发展战略目标规划。人力资源部门必须了解企业的战略目标分几步走、每一步需要什么样的人才作为支撑、人员需求数量是多少、何时引进比较合适、人力资源成本是多少等内容，然后才能够进行较准确的需求预测。

人力资源部门在进行需求预测时可以灵活运用以下表格，如表1-11、表1-12所示。

表1-11　管理人力需求预测表

主要工作种类	当前人数	预计增加人数	每个工作种类预期人员流失				总需求
			晋升	辞职	辞退	流失率	
1. 高层管理人员							
2. 中层管理人员							
3. 基层管理人员							
合计							

表 1-12　按类别的人力资源净需求

人员类别（按职务分）	现有人数	计划人数	余缺	预期人员的损失							本期人力资源净需求
				调职	升职	辞职	退休	辞退	其他	合计	
高层管理者											
中层管理者											
部门主管											
一般员工											
……											
合计											

四、洞悉供给来源，拓宽人才获取渠道

预测人力资源供给是指分析未来一段时间内企业内部和外部的人力资源供给情况。内部供给主要考虑现有员工的晋升、调动、离职等因素；外部供给则要考虑劳动力市场的供求状况、竞争对手的人才政策、行业发展趋势等因素。通过对人力资源供给的预测，企业可以了解到自身能够获取的人力资源数量和质量，以及可能面临的人才短缺或过剩问题。

企业人力资源供给预测分为内部人力资源供给预测和外部人力资源供给预测。

在进行内部人力资源供给预测时，预测人员要仔细评估企业内部现有人员的状态和他们的流动情况，即离职率、调动率和升职率。

（一）内部人力资源供给预测

内部人力资源供给预测包括企业内部现有人员的状态：年龄、级别、素质、资历、经历和技能。

人力资源部必须收集和储存有关人员发展潜力、可晋升性、职业目标以及采用的培训项目等方面的信息。其中，技能档案是预测人员供给的有效工具，它含有每个人员技能、能力、知识和经验方面的信息，这些信息的来源是工作分析、绩效评估、教育和培训记录等。人员内部流动情况通常有退休、离职、内部调动等几种形式。

（二）外部人力资源供给预测

外部人力资源供给预测包括以下方面：

（1）本地区人口总量与人力资源比例。

（2）本地区人力资源总体构成。

（3）本地区的经济发展水平。

（4）本地区的教育水平。

（5）本地区同一行业劳动力的平均价格与竞争力。

（6）本地区劳动力的择业心态与模式。

（7）本地区劳动力的工作价值观。

（8）本地区的地理位置对外地人口的吸引力。

（9）外来劳动力的数量与质量。

（10）本地区同行业对劳动力的需求等。

五、制定规划方案，打造专属人力战略

接下来，人力资源部应根据人力资源需求和供给的预测结果，制定具体的人力资源规划方案。与企业发展战略相匹配的人力资源总体规划是企业人力资源管理体系形成的基础和保障。企业的人力资源体系能否建立起来、如何建立，取决于企业人力资源规划的基本内容是否全面以及制定水平的高低。

人力资源规划方案应包括以下内容：

（1）与企业总体战略规划有关的人力资源规划目标、任务的详细说明。

（2）企业有关人力资源管理的各项政策及有关说明。

（3）企业内外部人力资源的供给与需求预测的结果分析。

（4）企业人力资源净需求状况分析。

（5）企业业务发展的人力资源计划。

（6）企业员工招聘计划、升职计划。

（7）企业人员退休、解聘、裁员计划。

（8）员工培训和职业发展计划。

（9）企业管理与组织发展计划。

（10）企业人力资源保留计划。

（11）企业生产率提高计划等相关内容。

一份完整的人力资源规划方案是企业人力资源管理的基础和核心，企业的人力资源管理工作时刻围绕着它展开。

表1-13提供了一份制定人力资源规划方案的通用大纲。

表 1-13　人力资源规划方案大纲

一、规划的背景与目标

　　1. 企业战略（深入理解企业的整体战略规划，明确企业未来的发展方向、业务重点和目标。如企业计划在未来三年内拓展新的市场区域，这将对人力资源在数量、质量和结构上产生特定需求。）

　　2. 规划目标（基于企业战略，确定人力资源规划的具体目标。例如，在未来一年内将员工流失率降低 10%，或为新业务部门招聘并培养 30 名专业技术人才。）

二、人力资源现状分析

　　1. 人员数量与结构（统计现有员工的数量，分析其年龄、性别、学历、专业等结构分布情况，评估当前人员结构与企业战略需求的匹配度。）

　　2. 员工能力与绩效（对员工的技能水平、工作能力和绩效表现进行评估，找出员工能力与岗位要求之间的差距，为后续的培训与发展提供依据。）

　　3. 员工流动情况（分析员工的离职率、离职原因以及内部晋升和调动情况，了解企业人才的流动趋势，预测未来可能出现的人员短缺或过剩问题。）

三、人力资源需求与供给预测

　　1. 需求预测（运用定性和定量相结合的方法，预测企业未来一段时间内的人力资源需求。如根据业务增长预测所需的销售人员数量，或根据技术升级预测对专业技术人才的需求。）

　　2. 供给预测（考虑内部供给和外部供给两个方面。内部供给预测主要关注现有员工的晋升、调动和培训发展情况；外部供给预测则分析劳动力市场的供求状况、竞争对手的人才政策等因素。）

四、具体规划措施

　　1. 招聘与配置规划（根据人力资源需求预测，制订招聘计划，明确招聘渠道、时间、预算等。同时，优化人员配置流程，确保新招聘人员能够快速适应岗位要求。）

　　2. 培训与开发规划（针对员工能力与岗位要求的差距，制订培训与开发计划。包括新员工入职培训、在职员工技能提升培训、管理人员领导力培训等，以提高员工的整体素质和工作能力。）

　　3. 绩效管理规划（完善绩效管理制度，明确绩效目标、考核指标和评估方法。加强绩效沟通与反馈，激励员工提高工作绩效，实现个人与企业目标的一致。）

　　4. 薪酬福利规划（根据市场薪酬水平和企业自身情况，制定合理的薪酬福利政策。确保薪酬具有竞争力，能够吸引和留住优秀人才，同时考虑福利项目的多样性和个性化，提高员工的满意度。）

　　5. 员工关系管理规划（加强企业文化建设，营造良好的工作氛围。建立有效的沟通机制，及时了解员工的需求和意见，处理员工的投诉和纠纷，维护员工的合法权益，提高员工的忠诚度和归属感。）

五、规划的实施与监控方案

　　1. 制订实施计划（将人力资源规划方案细化为具体的实施计划，明确各项措施的责任部门、责任人、时间节点和预期目标。）

　　2. 建立监控机制（定期对人力资源规划的实施情况进行监控和评估，收集相关数据和信息，分析规划的执行效果。及时发现问题并采取相应的调整措施，确保规划的顺利实施。）

六、规划的评估与调整

　　1. 定期评估（设定评估周期，对人力资源规划的整体效果进行评估。评估指标包括员工满意度、员工流失率、招聘效果、培训效果等。）

　　2. 及时调整（根据评估结果，对人力资源规划方案进行调整和优化。当企业的战略目标、市场环境或内部情况发生变化时，要及时对规划进行相应的修订，以保证规划的适应性和有效性。）

在制定人力资源规划方案时，要充分考虑企业的实际情况和员工的需求，确保规划具有可操作性和前瞻性。同时，要加强与各部门的沟通与协作，共同推动规划的实施。

六、实施高效监控，确保规划落地生根

将制定好的人力资源规划方案付诸实施，并建立有效的监控机制。在实施过程中，要及时跟踪和了解各项计划的执行情况，收集相关数据和信息，分析规划方案的实施效果。例如，定期对招聘计划的完成情况、培训效果、员工绩效等进行评估。

（一）实施措施

人力资源规划的实施措施如图1-11所示。

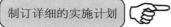

制订详细的实施计划	将人力资源规划细化为具体的、可操作的任务和步骤，明确各项任务的责任部门、责任人以及完成时间节点。例如，在招聘规划方面，明确每个月需要发布的招聘信息数量、预计面试的人数等
加强沟通与协调	人力资源部门要与企业内各部门进行充分沟通，确保各部门理解人力资源规划的目标和内容，并积极配合实施。例如，定期召开跨部门会议，分享规划实施的进展情况，协调解决出现的问题
提供培训与支持	为确保员工能够胜任新的工作要求或适应规划带来的变化，应提供相应的培训和发展机会。例如，当企业进行业务转型时，为员工提供新业务领域的专业知识培训。同时，为实施规划的相关人员提供必要的资源和技术支持
推动企业文化建设	通过企业文化建设，营造有利于规划实施的工作氛围和价值观。例如，强调团队合作、创新等价值观，以促进员工之间的协作和对新规划的接受度
建立激励机制	将员工的工作表现与人力资源规划的目标相结合，制定相应的激励措施。对积极参与规划实施并取得良好成果的员工给予奖励，如奖金、晋升机会等，提高员工的积极性和主动性

图1-11　人力资源规划的实施措施

（二）监控措施

人力资源规划可采取图 1-12 所示方法进行监控。

设立关键绩效指标
（KPI） 根据人力资源规划的目标，设定可量化的 KPI。例如，招聘计划完成率、培训计划执行率、员工流失率等。通过定期对这些指标的监测，评估规划的实施效果

定期收集数据和信息 建立数据收集机制，定期收集与人力资源规划相关的数据，包括员工数量、结构、绩效、培训参与情况等。同时，收集员工的反馈意见，了解他们对规划实施的感受和建议

进行阶段性评估 按照规划设定的时间节点，进行阶段性的评估。对比实际执行情况与规划目标，分析偏差产生的原因。例如，每季度对招聘工作进行评估，查看是否达到了预期的招聘人数和质量要求

建立预警机制 设定关键指标的预警阈值，当指标偏离正常范围时及时发出预警。例如，当员工流失率超过设定的阈值时，立即启动调查和应对措施，防止问题进一步恶化

开展专项审计 定期对人力资源规划的实施过程和效果进行专项审计，检查各项工作是否符合规划要求和相关政策法规。审计内容可以包括招聘流程的合规性、培训费用的使用情况等

图 1-12　人力资源规划实施情况的监控措施

七、科学评估调整，让人力规划与时俱进

人力资源规划的评估与调整是确保规划有效性和适应性的重要环节，通过科学评估发现问题，不断地根据企业内外部环境的变化进行调整和优化，使其更好地服务于企业战略目标，保障企业人力资源的合理配置和有效利用。

（一）评估措施

评估措施如表 1-14 所示。

表1-14　评估措施

序号	措施	内容要点
1	设定评估指标体系	构建全面、可量化的评估指标，涵盖人力资源规划的各个方面。例如，人员招聘方面可设置招聘计划完成率、新员工到岗及时率、招聘成本控制率等指标；培训与开发方面可关注培训计划执行率、员工技能提升效果、培训投资回报率等；员工留存方面可考量员工流失率、核心人才保留率等
2	定期收集数据	建立数据收集机制，按固定周期收集与评估指标相关的数据。数据来源包括企业的人力资源管理信息系统、员工绩效考核记录、培训反馈问卷、招聘统计报表等。确保数据的准确性、完整性和及时性，为评估提供可靠依据
3	开展绩效评估	将人力资源规划的目标与员工的工作绩效相结合，对各部门和员工在规划实施过程中的工作表现进行评估。通过绩效考核、目标管理等方式，衡量员工对规划目标的贡献程度，发现工作中的优点与不足
4	进行员工满意度调查	定期开展员工满意度调查，了解员工对人力资源管理各项工作的满意度，包括薪酬福利、职业发展机会、培训效果、工作环境等。员工的反馈能够反映人力资源规划在实际执行中对员工的影响，为评估提供重要参考
5	对比实际与规划目标	将收集到的数据与人力资源规划设定的目标进行对比分析，评估规划的执行情况。明确哪些目标已经达成，哪些目标存在差距，分析差距产生的原因，如市场环境变化、规划制定不合理、执行力度不够等
6	开展成本效益分析	对人力资源规划实施过程中的各项成本进行核算，包括招聘成本、培训成本、薪酬福利成本等，并与规划所带来的效益进行比较。评估人力资源投入是否获得了相应的回报，如员工绩效提升、企业业绩增长等，判断规划的经济性和有效性

（二）调整措施

人力资源规划调整措施如图1-3所示。

 基于评估结果调整目标

根据评估发现的目标差距，对人力资源规划的目标进行调整。如果市场环境发生重大变化，导致原有的招聘目标无法实现，可适当调整招聘数量、岗位要求或招聘渠道等目标

 优化规划策略与措施

针对评估中发现的规划执行过程中的问题，优化相应的策略和措施。例如，如果培训效果不理想，可调整培训内容、培训方式或培训师资，提高培训的针对性和有效性；若员工流失率过高，可完善薪酬福利体系、加强员工关怀等措施来提高员工满意度和忠诚度

图1-13

调整资源配置

根据规划的调整需求，重新配置人力资源、财务资源和物质资源。如果决定加大对某一业务领域的人才培养力度，可增加培训预算、调配专业培训师资，为该领域的员工提供更多学习和发展机会

加强沟通与协调

在调整人力资源规划的过程中，加强与企业各部门的沟通与协调。确保各部门了解规划调整的原因、内容和影响，争取他们的理解和支持，共同推动调整后的规划顺利实施

持续监测与反馈

调整后的人力资源规划实施过程中，建立持续的监测机制，及时收集反馈信息。根据实际情况进一步微调规划，确保规划能够不断适应企业内外部环境的变化，实现人力资源的最优配置

图 1-13　人力资源规划调整措施

第2章

优化组织：激发团队效能，消除内耗

为了让人力资源发挥最大潜能和创造力，企业需要设计相应的组织架构，明确各部门、各岗位的设置原则，将人力资源与岗位职责相匹配。企业组织架构设计与岗位分析相辅相成，是完善企业管理的基础。

第一节　组织架构设计，开启高效运营之门

组织架构是企业的骨骼系统，支撑着企业的运营与发展。合理的组织架构设计，能让企业清晰划分各部门、各岗位的职责，就像给每个齿轮明确了运转方向，避免职责不清导致的推诿扯皮现象，极大地提高工作效率。例如，一家科技公司在发展初期，因组织架构混乱，产品研发与市场推广部门沟通不畅，导致产品上市后市场反响不佳。优化组织架构后，各部门职责明确，协同顺畅，后续产品成功打开市场。而且，当市场环境变化时，科学的组织架构能帮助企业迅速调整策略，灵活调配资源，从而增强企业的应变能力，提升竞争力。

一、盘点基本形式，找到最适配架构

组织架构（也称组织结构）的基本形式有多种，以下是一些常见的类型。

（一）直线制结构

特点：组织中各级行政单位从上到下实行垂直领导，下属部门只接受一个上级的指令，各级主管负责人对所属单位的一切问题负责，如图2-1所示。

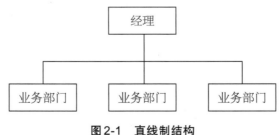

图2-1　直线制结构

优点：结构简单，命令统一，决策迅速，责任明确，指挥灵活，管理成本低。

缺点：要求行政负责人通晓多种知识和技能，亲自处理各种业务，当企业规模扩大时，管理工作会变得复杂，管理者可能力不从心。

适用范围：一般适用于规模较小、生产技术比较简单的企业，如小型的个体工商户、家庭作坊等。

（二）职能制结构

特点：各级行政单位除主管负责人外，还相应地设立一些职能机构，这些职能机构有权在自己的业务范围内向下级行政单位发号施令，如图2-2所示。

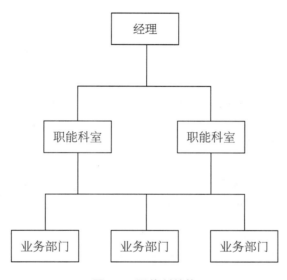

图 2-2　职能制结构

优点：能充分发挥职能机构的专业管理作用，减轻直线领导人员的工作负担，提高管理的专业化程度和工作效率。

缺点：容易形成多头领导，不利于统一指挥，可能导致部门之间协调困难、互相推诿责任。

适用范围：在实际中单纯采用职能制的组织较少，一般是在一些专业性较强、业务相对独立的部门或组织中有所应用，如科研机构中的不同科研职能部门。

（三）直线职能制结构

特点：以直线制为基础，在各级行政领导之下设置相应的职能部门，职能部门作为参谋机构，只对下级业务部门进行业务指导，而不能直接下达命令，如图2-3所示。

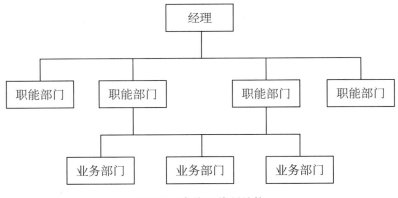

图 2-3　直线职能制结构

优点：既保证了直线制的统一指挥，又发挥了职能部门的专业管理作用，有利于提高管理效率。

缺点：职能部门之间的横向联系较差，容易产生脱节和矛盾，不利于信息的快速传递和决策的及时调整。

适用范围：目前大多数企业采用这种组织结构形式，如一些传统的制造企业等。

（四）事业部制结构

特点：按照产品、地区或市场等因素将企业划分为若干个相对独立的事业部，每个事业部都有自己的产品和市场，实行独立核算，自负盈亏，拥有较大的经营自主权，如图 2-4 所示。

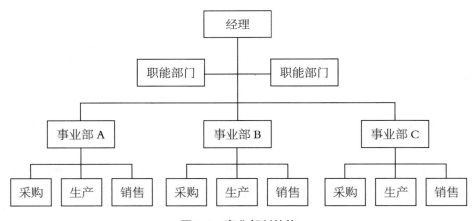

图 2-4　事业部制结构

优点：有利于企业高层管理者集中精力抓好战略决策和长远规划，各事业部能够根据市场变化及时调整经营策略，提高了企业的适应能力和市场竞争力，也便于培养和考核管理人才。

缺点：各事业部之间可能会出现资源争夺、协调困难等问题，机构重叠，管理成本较高。

适用范围：适用于规模较大、产品种类较多、市场分布较广的大型企业，如跨国公司、多元化经营的企业集团等。

（五）矩阵制结构

特点：在组织结构上，把按职能划分的部门和按项目划分的小组结合起来组成一个矩阵，一名员工既同原职能部门保持组织与业务上的联系，又参加项目小组的工作，如图2-5所示。

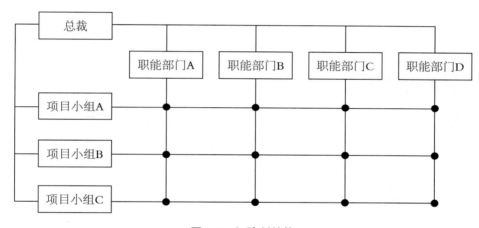

图2-5　矩阵制结构

优点：灵活性、适应性强，能够充分利用企业的资源，加强各部门之间的协作和信息交流，有利于解决复杂的问题和推动创新。

缺点：项目负责人与职能部门负责人之间可能会产生矛盾，员工可能会面临双重领导，工作任务和职责有时不够明确。

适用范围：适用于一些创新性较强、项目任务较重且需要跨部门协作的企业或组织，如广告公司、软件开发企业等。

（六）立体多维型结构

立体多维型结构是职能制结构、矩阵制结构和事业部制结构的综合发展，具体如图2-6所示。

（1）按产品或服务项目划分的事业部是产品利润中心。

（2）按职能划分的参谋机构是专业成本中心。

（3）按地区划分的管理机构是地区利润中心。

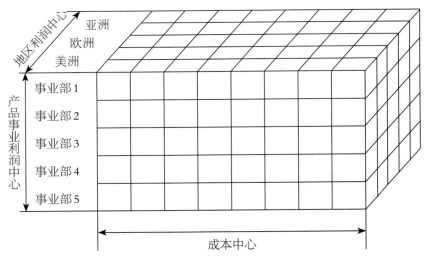

图 2-6 立体多维型结构

（七）流程型结构

流程型结构是为了提高满足顾客需求的效率，降低产品或服务的供应成本而建立的以业务流程为中心的组织结构，如图 2-7 所示。流程型结构是以系统整合理论为指导，按照业务流程为主、职能服务为辅的原则设计的。

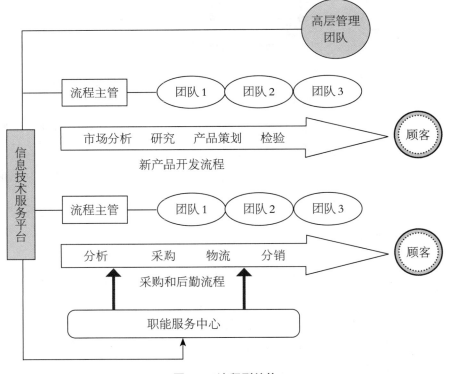

图 2-7 流程型结构

基于流程的组织结构也必须具备三方面内容。

（1）组织以流程维度为主干，每个流程由若干个子流程和团队组成。

（2）组织设立职能服务中心，保障流程团队和业务流程的有效运行。

（3）团队之间、业务流程之间及其与职能中心之间的整合和协同工作需要信息技术的支持。

二、明确设计任务，让组织架构有章可循

组织结构设计的任务是规划和设计组织中各部门的职能和职权，确定组织中职能职权、参谋职权、直线职权的活动范围并编制职位说明书。

（一）设计组织结构

所谓组织结构是指组织的框架体系，是对完成组织目标的人员、工作、技术和信息所作的制度性安排。组织结构可以用复杂性、规范性和集权性三种特性来描述。

（二）规划职能职责内容

尽管组织结构日益复杂、类型演化越来越多，但任何一个组织结构都存在三个相互联系的问题：职权如何划分、部门如何确立和管理层次如何划分。尽管组织内外环境的变化影响了这三个相互关联的问题，但组织结构的形式始终围绕这三个问题发展变化。因此，企业要进行组织结构的设计，首先要正确处理这三个问题。

（三）总结组织结构设计成果

组织结构设计的成果包括组织图、职位说明书和组织手册，具体说明如图2-8所示。

组织图	职位说明书	组织手册
组织图也称组织树，用图形表示组织的整体结构、职权关系及主要职能。组织图一般描述下列几种组织结构及管理关系方面的信息：权力结构、沟通关系、管理范围及分工情况、角色结构和组织资源流向等	职位说明书是说明组织内部某个特定职位的责任、权力及其工作关系的书面文件，包括职位名称及素质能力要求、工作内容和工作关系等	组织手册是职位说明书与组织图的综合，用以说明组织内各部门的职权、职责，以及每个职位的主要职责、职权及其相互关系

图2-8　组织结构设计的成果

三、遵循设计原则，保障架构科学合理

组织结构设计需要遵循一定的原则，以确保组织能够高效运行、实现目标，以下是一些常见的组织结构设计原则，如图2-9所示。

 战略导向原则

组织结构设计应紧密围绕组织的战略目标展开，为实现战略目标提供有力的组织保障。不同的战略需要不同的组织结构来支持，例如，当组织战略是拓展新市场时，可能需要设立专门的市场开拓部门或采用区域事业部制，以便更好地贴近市场、快速响应市场需求

 任务目标原则

组织结构设计的根本目的是实现组织的任务和目标。在进行组织结构设计时，要以事为中心，因事设岗、因岗设人，确保组织中的每个部门和岗位都有明确的任务和目标，并且这些任务和目标与组织的整体任务和目标紧密相连

 分工协作原则

组织内部应进行合理的分工，将复杂的工作任务分解为若干个相对简单的部分，由不同的部门或人员专门负责，以提高工作效率和专业化水平。同时，要注重部门之间和岗位之间的协作，通过建立良好的沟通机制和协调机制，确保各项工作能够相互衔接、协同推进，共同实现组织目标

 统一指挥原则

组织中的每个成员都应只接受一个上级的指挥和领导，避免多头领导和指挥混乱的情况发生。这样可以保证命令的统一性和权威性，使组织的决策和指令能够高效地传达和执行，提高组织的运行效率

 管理幅度与管理层次适度原则

管理幅度是指一个管理者能够有效地管理和指挥的下属人数，管理层次则是指组织中从最高管理层到基层员工的层级数量。在组织结构设计时，要根据组织的规模、工作性质、管理者的能力等因素，合理确定管理幅度和管理层次。一般来说，管理幅度与管理层次成反比关系，管理幅度过大可能导致管理者无法有效管理下属，管理幅度过小则可能导致管理层次过多，增加管理成本和信息传递的难度

 责权对等原则

组织中的每个部门和岗位都应明确其职责和权力，使职责和权力相互匹配。有责无权无法履行职责，有权无责则可能导致权力滥用。只有责权对等，才能确保组织成员在其职责范围内充分发挥积极性和主动性，有效地完成工作任务

 稳定性与适应性相结合原则

组织结构应保持相对的稳定性，以便组织成员能够熟悉和适应组织的运行规则和工作流程，保证组织的正常运转。但同时，组织也需要具备一定的适应性，能够根据外部环境的变化和内部业务的发展，及时调整和优化组织结构，以更好地应对各种挑战和机遇

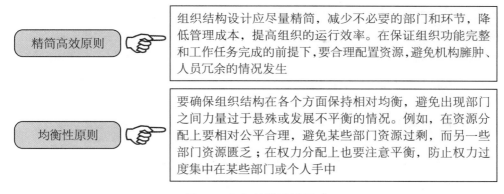

精简高效原则 👉 组织结构设计应尽量精简，减少不必要的部门和环节，降低管理成本，提高组织的运行效率。在保证组织功能完整和工作任务完成的前提下，要合理配置资源，避免机构臃肿、人员冗余的情况发生

均衡性原则 👉 要确保组织结构在各个方面保持相对均衡，避免出现部门之间力量过于悬殊或发展不平衡的情况。例如，在资源分配上要相对公平合理，避免某些部门资源过剩，而另一些部门资源匮乏；在权力分配上也要注意平衡，防止权力过度集中在某些部门或个人手中

图2-9　组织结构设计原则

四、掌握设计方法，打造灵活组织架构

组织结构设计是一个复杂的过程，需要综合考虑多种因素，下面是一些常见的组织结构设计方法。

（一）基于战略的设计方法

基于战略的设计方法首先要清晰确定组织的长期发展战略，如成本领先战略、差异化战略、集中化战略等。例如，采取成本领先战略的企业，可能更倾向于高效、标准化的组织结构，以降低运营成本。

根据战略来设计组织结构，若企业战略是拓展新市场，可设立专门的市场拓展部门或按新市场区域划分事业部；若是追求产品创新，可能需要建立跨职能的研发团队，加强不同专业人员的协作。

（二）基于流程的设计方法

基于流程的设计方法是对企业的核心业务流程进行全面梳理，如订单处理流程、产品研发流程、客户服务流程等，明确流程中的各个环节、输入输出和相互关系。

以流程为中心设计组织结构，打破传统的部门壁垒，使组织结构能够更好地支持流程的顺畅运行。比如，建立跨部门的流程团队，负责整个流程的运作和优化，减少流程中的沟通成本和协调障碍。

（三）基于职能的设计方法

基于职能的设计方法是对企业所需的各项职能进行详细分析，包括生产、销售、财务、人力资源、研发等基本职能，以及根据企业特点可能存在的特殊职能。

将具有相同或相似职能的工作任务归拢到一个部门，形成专业化的职能部门。例如，将所有与产品生产相关的工作放在生产部门，负责产品的制造、质量控制等；将市场推广、销售等工作归到销售部门。

（四）基于地域的设计方法

基于地域的设计方法是根据企业的市场分布或业务开展的地理区域进行划分，如国内可分为华北、华东、华南等区域，国际业务可按不同国家或地区划分。

为每个地区设立相对独立的组织单元，负责该地区的所有业务活动，包括生产、销售、市场等。这样可以使企业更好地适应当地的市场环境、文化特点和政策法规，提高对当地市场的响应速度。

（五）基于矩阵的设计方法

基于矩阵的设计方法通常以职能和项目或产品为两个维度，构建矩阵式结构。例如，职能维度包括研发、生产、销售等部门，项目或产品维度则是不同的具体项目或产品。

员工同时属于职能部门和项目团队，需要同时向职能经理和项目经理汇报工作。这种结构有利于资源的灵活调配和跨部门协作，适用于项目驱动型或产品多元化且需要频繁进行跨部门合作的企业。

（六）基于团队的设计方法

基于团队的设计方法是指根据工作任务和目标，组建各种类型的团队，如工作团队、项目团队、跨职能团队等。团队成员具有不同的专业技能和知识，能够共同完成复杂的工作任务。

以团队为基本单元构建组织结构，弱化传统的部门边界，强调团队的自主性和协作性。企业的管理重点在于为团队提供资源支持、设定目标和考核绩效，促进团队的高效运作。

五、解析设计过程，实现组织架构完美蜕变

组织结构设计是一个复杂的过程，需要综合考虑组织的战略、环境、规模、技术等多方面因素，一般来说，组织结构设计的过程包括以下几个主要步骤。

（一）前期准备

1. 明确组织目标

组织目标是组织存在和发展的基础，也是组织结构设计的出发点。明确组织的长期和短期目标，包括战略目标、业务目标等，如企业可能设定在未来五年内市场占有率达到一定比例，或者研发出具有竞争力的新产品等目标。

2. 收集相关信息

收集组织内外部的各种信息，包括组织的历史沿革、现有组织结构和运行情况、人员状况、市场环境、行业竞争态势、政策法规等，这些信息将为组织结构设计提供依据。

（二）确定组织结构设计的基本思路

确定组织结构设计的基本思路如图2-10所示。

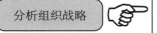 根据组织目标，确定组织的发展战略，如差异化战略、成本领先战略、集中化战略等。分析战略对组织的结构、功能、资源配置等方面的要求。例如，实施差异化战略的企业可能更需要强调研发和创新功能，在组织结构设计上要给予研发部门更多的资源和自主权

 分析组织所处的外部环境，包括宏观经济环境、行业环境、市场环境等。环境的不确定性和复杂性会影响组织结构设计的灵活性和适应性。例如，在快速变化的互联网行业，组织结构可能需要设计得更加灵活，以便快速响应市场变化

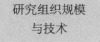 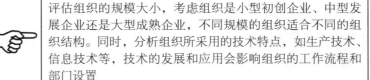 评估组织的规模大小，考虑组织是小型初创企业、中型发展企业还是大型成熟企业，不同规模的组织适合不同的组织结构。同时，分析组织所采用的技术特点，如生产技术、信息技术等，技术的发展和应用会影响组织的工作流程和部门设置

图2-10　确定组织结构设计的基本思路

（三）进行组织结构设计

进行组织结构设计的步骤如图2-11所示。

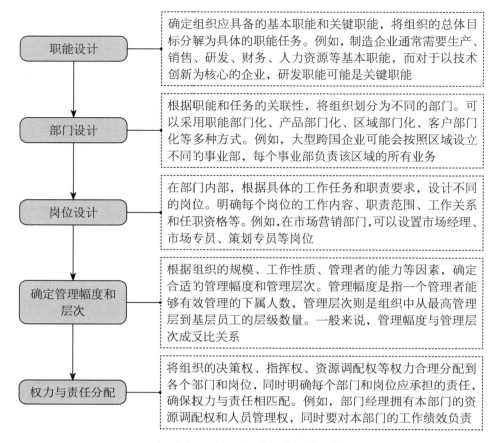

职能设计 → 确定组织应具备的基本职能和关键职能，将组织的总体目标分解为具体的职能任务。例如，制造企业通常需要生产、销售、研发、财务、人力资源等基本职能，而对于以技术创新为核心的企业，研发职能可能是关键职能

部门设计 → 根据职能和任务的关联性，将组织划分为不同的部门。可以采用职能部门化、产品部门化、区域部门化、客户部门化等多种方式。例如，大型跨国企业可能会按照区域设立不同的事业部，每个事业部负责该区域的所有业务

岗位设计 → 在部门内部，根据具体的工作任务和职责要求，设计不同的岗位。明确每个岗位的工作内容、职责范围、工作关系和任职资格等。例如，在市场营销部门，可以设置市场经理、市场专员、策划专员等岗位

确定管理幅度和层次 → 根据组织的规模、工作性质、管理者的能力等因素，确定合适的管理幅度和管理层次。管理幅度是指一个管理者能够有效管理的下属人数，管理层次则是组织中从最高管理层到基层员工的层级数量。一般来说，管理幅度与管理层次成反比关系

权力与责任分配 → 将组织的决策权、指挥权、资源调配权等权力合理分配到各个部门和岗位，同时明确每个部门和岗位应承担的责任，确保权力与责任相匹配。例如，部门经理拥有本部门的资源调配权和人员管理权，同时要对本部门的工作绩效负责

图2-1 进行组织结构设计的步骤

（四）评估与优化

1. 设计方案评估

对初步设计的组织方案进行全面评估，检查方案是否符合组织目标和战略要求，是否适应组织环境，是否具有可行性和有效性等。可以采用模拟运行、专家评审、员工意见调查等方式进行评估。

2. 方案调整与优化

根据评估结果，对组织结构设计方案进行调整和优化。可能需要对部门设置、岗位职责、权力分配等进行进一步的细化和完善，以提高组织的运行效率和效果。

（五）实施与变革管理

1. 组织方案实施

制订详细的实施计划，包括实施步骤、时间安排、责任分工等，确保组织结构设计

方案能够顺利实施。在实施过程中，要做好沟通和培训工作，让员工了解新的组织架构和工作要求。

2. 变革管理

组织结构设计实施过程中必然会带来变革，要关注员工的反应和情绪，做好变革管理工作。及时解决变革中出现的问题和冲突，通过激励措施等鼓励员工积极参与变革，确保变革的顺利推进。

小提示

组织结构设计不是一次性的工作，而是一个持续的过程。在组织运行过程中，要持续监控组织的运行情况，收集反馈信息，根据内外部环境的变化，对组织结构进行适时的调整和改进，以保持组织的适应性和竞争力。

实例

企业选择哪一种组织结构形式或具体按哪一种方式来组织生产经营，一定要结合自身的实际情况，包括企业规模大小、人员素质高低、生产工艺复杂程度、所处环境等。总之，要以完成企业目标为依据来选择具体的生产组织形式，并设置相应的生产管理机构。下面是两家生产企业的组织结构范本。

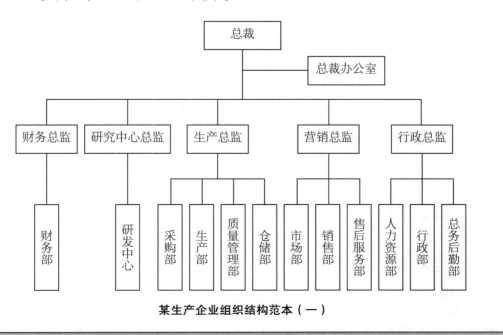

某生产企业组织结构范本（一）

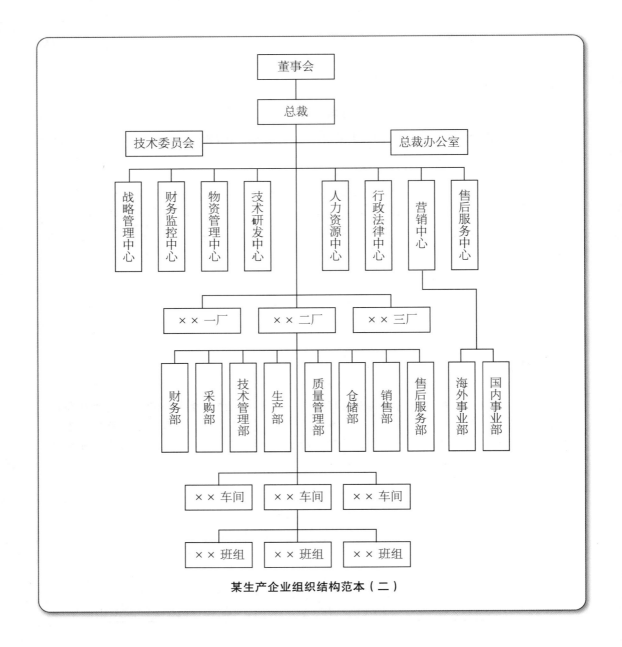

某生产企业组织结构范本（二）

第二节　岗位设置精髓，人岗匹配激发潜能

　　岗位（也称职位）是组织的基本单位或标准构件。岗位概念基于组织而非个人，为组织的目标和价值而存在，是个人与工作之间的纽带。岗位设置是指企业或组织根据自身的战略目标、业务需求和工作流程，对所需的工作岗位进行规划、定义和安排的过程。

一、明晰设置目的，让岗位价值最大化

企业进行岗位设置的目的如图2-12所示。

实现组织目标	将组织的整体目标分解为具体的工作任务，通过设置不同的岗位，使每个岗位都承担相应的职责，共同为实现组织目标服务。例如，在一家制造企业中，设置生产岗位、质量检测岗位、研发岗位等，各岗位协同工作，确保企业能够生产出符合市场需求的产品，实现企业的盈利和发展目标
提高工作效率	合理的岗位设置可以明确工作内容和职责范围，避免工作的重复和混乱，使员工能够专注于自己的工作任务，提高工作效率和质量。例如，在一个项目团队中，分别设置项目经理、技术专家、项目专员等岗位，每个岗位都有明确的工作分工，能够有效推动项目的顺利进行
促进人力资源合理配置	根据组织的业务需求和员工的能力特点，将合适的人员安排到合适的岗位上，实现人力资源的优化配置，充分发挥员工的潜力，提高人力资源的利用效率

图2-12　企业进行岗位设置的目的

二、坚守设置原则，避免岗位混乱

企业进行岗位设置时应遵循图2-13所示原则。

以组织的工作任务和业务流程为基础，根据工作的实际需要设置岗位，而不是因人设岗。确保每个岗位都有明确的工作内容和职责，能够为组织的目标实现作出贡献	在满足组织业务需求的前提下，尽量减少岗位数量，避免机构臃肿和人员冗余。通过对工作任务的合并、简化和优化，提高组织的运行效率
因事设岗	**最少岗位数原则**
责权对等原则	**协调配合原则**
明确每个岗位的职责和权力，使岗位承担的责任与所拥有的权力相匹配。只有这样，员工才能在其职责范围内有效地开展工作，同时也能对工作结果负责	岗位设置要考虑到各个岗位之间的相互关系和协作要求，确保岗位之间能够相互配合、协调一致，形成一个有机的整体

图2-13　岗位设置的原则

三、梳理主要内容，完善岗位工作细节

岗位设置的主要内容如表2-1所示。

表2-1　岗位设置的主要内容

序号	项目	内容说明
1	岗位名称	为每个岗位确定一个简洁、准确的名称，能够直观地反映岗位的主要工作内容和职责。如"人力资源经理""市场营销专员"等
2	岗位职责	详细描述岗位的工作内容、工作任务和工作目标，明确岗位应承担的责任和义务。例如，销售代表的岗位职责可能包括开发客户、维护客户关系、完成销售任务等
3	岗位权限	规定岗位在工作过程中所拥有的权力，如决策权、审批权、资源调配权等。明确岗位能够在多大范围内自主开展工作，以及需要向上级或其他部门请示、协调的事项
4	岗位关系	确定岗位与其他岗位之间的工作关系，包括上下级关系、平级协作关系、业务关联关系等。清晰的岗位关系有助于员工了解自己在组织中的位置和工作协作对象，促进工作的顺利开展
5	任职资格	明确担任该岗位所需的知识、技能、经验、学历、专业等条件。这是招聘、选拔和培训员工的重要依据，能够确保员工具备胜任岗位工作的能力

四、深度岗位分析，挖掘岗位核心需求

要进行岗位设置，必须进行岗位分析。岗位分析也称为职位分析，是指系统地收集与岗位有关的信息，包括任职条件、工作职责、工作环境、工作强度等，确认岗位整体概况，并对其进行正确、详尽的描述。

（一）岗位分析的要素

岗位分析要从以下八个要素着手，即"7W1H"，具体说明如图2-14所示。

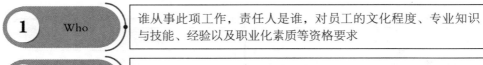
1　Who　谁从事此项工作，责任人是谁，对员工的文化程度、专业知识与技能、经验以及职业化素质等资格要求

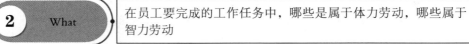
2　What　在员工要完成的工作任务中，哪些是属于体力劳动，哪些属于智力劳动

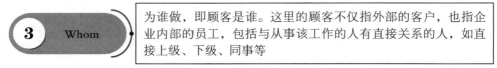
3　Whom　为谁做，即顾客是谁。这里的顾客不仅指外部的客户，也指企业内部的员工，包括与从事该工作的人有直接关系的人，如直接上级、下级、同事等

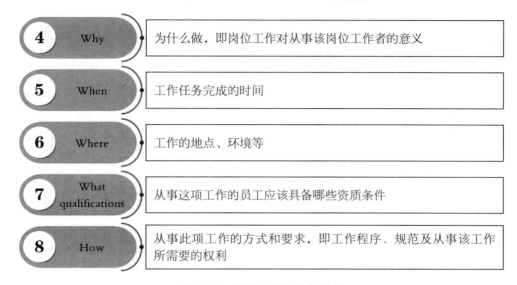

图2-14　岗位分析的八个要素

（二）岗位分析的过程

岗位分析是一项复杂的系统工程。企业进行岗位分析，必须统筹规划，分阶段、按步骤进行。

1. 准备工作

岗位分析的准备工作包括图2-15所示的四个方面。

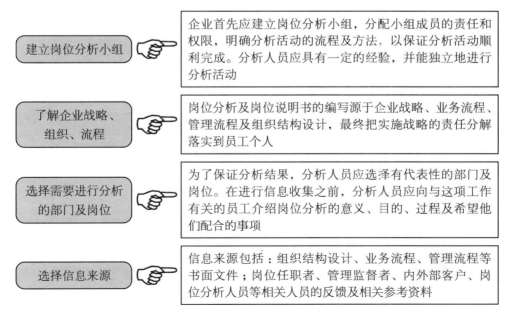

图2-15　岗位分析的准备工作

2. 岗位信息收集

岗位信息收集是岗位分析工作中最重要的一环，需要收集的信息包括岗位名称、工作内容及职责、工作环境、任职资格等。收集岗位信息应回答表2-2所示问题。

表2-2　收集岗位信息问题

1	岗位基本信息，如岗位名称、职位头衔等是什么？
2	下级如何向上级汇报情况？
3	岗位存在的基本目的和意义是什么？
4	为了达到这个目的，该岗位的主要职责应该包括什么内容，其原因是什么？
5	该岗位独有的职责是什么？（这个问题可使分析人员从宏观视角看待该岗位）
6	该岗位最关键的职责和核心的负责领域是什么？（这个问题能帮助分析人员确认该岗位的核心定位）
7	该岗位任职者的具体工作成具考核内容是什么？
8	该岗位如何与组织的其他岗位协调工作？
9	怎样把工作分配给该岗位员工，如何检查和审批工作？
10	该岗位的决策权有哪些？
11	该岗位工作的其他特点有哪些？（如出差、非社交时间、灵活性要求、特殊的工作环境等）
12	要获得所期望的工作成果，该岗位任职人员需要具备什么技能、知识和经验？（这个问题帮助分析者找出能胜任该岗位的人员所必需的能力和个人素质）

收集岗位信息的方法有多种，具体说明如图2-16、表2-3所示。

资料研读法　是指从组织、流程入手，收集组织结构设计、业务及管理流程等资料的方法

工作实践法　是指岗位分析人员实际从事该项工作，在工作过程中掌握第一手资料的方法。采用这种方法可以了解工作的实际任务以及在体力、环境、社会方面的要求。这种方法适用于短期内可以掌握的工作，而不适用于那些需要进行大量训练才能掌握或有危险的工作

观察法	☞	是指岗位分析人员通过对特定对象的观察将相关工作的内容、设置原因和方法、程序、目的等信息记录下来并归纳整理为文字资料的方法。这种方法取得的信息比较广泛、客观、准确，但要求观察者有足够的实际操作经验且使用结构性问题清单。这种方法不适用于循环周期长或以脑力劳动为主且得不到有关任职资格要求信息的工作
问卷调查表法	☞	即根据岗位分析的目的、内容等编写结构性问卷调查表，岗位任职者填写后由岗位分析人员回收整理，提取岗位信息
核对法	☞	指根据事先拟定的工作清单对实际工作活动的情况进行核对，从而获得有关工作信息的方法
面谈法	☞	岗位分析人员通过与任职人员面对面地交谈来收集信息资料，包括单独面谈和团体面谈。这种方法适用于行政管理、专业技术等难以通过外部观察了解的岗位。而且，这种方法需要岗位分析人员掌握较好的面谈技巧，根据岗位任职者按时间顺序记录的工作内容和过程进行归纳提炼，取得所需工作信息

图 2-16　收集岗位信息的方法

表 2-3　岗位分析调查问卷

姓名		部门		现任岗位	
学历		所学专业		直接上级	
工龄		入职时间		月平均收入	
自参加工作以来从事本岗位的工作时间					
对本岗位工作内容的兴趣	无所谓□　不好说□　一般□　还可以□　很感兴趣□				
你对自己工作的适应性如何	无所谓□　不好说□　一般□　还可以□　很感兴趣□				
工作概要（用一句话描述本岗位的工作范围和内容）					
岗位使命（用一句话表述岗位使命）					
按重要程度依次填写你工作的十大理由或目标	1.				
	2.				
	3.				
	4.				
	…				

续表

工作职责	职责描述		占你全部时间的百分比	权限		
				承办	需报审	全责
	1.					
	2.					
	3.					
	…					

失误的影响	在你的岗位工作出现失误时所产生的影响会涉及		影响程度				
			轻	较轻	一般	较重	重
	经济损失	1					
		2					
		3					
	有损公司形象	1					
		2					
		3					
	其他损害（如工期、质量安全、设备等）	1					
		2					
		3					

工作重要性	1. 不影响他人工作　　　　　　（　）	如果出现多种情况，请按影响程度由高到低依次写在下列空白处：
	2. 只影响本部门内少数人　　　（　）	
	3. 影响整个部门　　　　　　　（　）	
	4. 影响其他几个部门　　　　　（　）	
	5. 影响整个公司　　　　　　　（　）	

工作创新	1. 一切工作已有明确的规定动作，不需要进行创新和改进　（　）
	2. 需要根据现行办法，进行一般性改进　（　）
	3. 需要根据公司的经验，创立新的方法和技术　（　）
	4. 需要根据行业的先进经验，创立新的方法和技术　（　）
	5. 没有可借鉴的经验，需要进行革新性的新发明　（　）

领导风格	1. 上级经常给予帮助，以保证自身工作的顺利进行　（　）
	2. 上级偶尔给予工作上的指导，有利于工作的进行　（　）
	3. 上级只是给予工作上的关心　（　）
	4. 上级只是给予生活上的关心　（　）

续表

	内容／频率	沟通频率：
内外部沟通	1. 只与本部门内几个同事接触 （ ）	偶尔　　经常　　非常频繁 ├─┼─┼─┼─┤ 1　2　3　4　5 沟通内容： 1. 一般信息交流 2. 对他人施加影响的沟通 3. 事关重大决策的沟通
	2. 需要与其他部门的人员接触 （ ）	
	3. 与其他公司人员和政府机构接触 （ ）	
	4. 与其他公司、政府机构、外商接触 （ ）	
工作的联系	需要联系或接触的具体部门、单位	联系或接触的目的
	1	
	2	
	3	
监督	1. 直接领导你的人员有（ ）人，职位为：	
	2. 被你直接领导的下属人数为（ ）人，职位为：	
工作的时间要求	1. 每周平均工作时间为（ ）小时	
	2. 实际上下班时间是否随业务情况经常变化（总是，有时是，偶尔是，否）	
	3. 所从事的工作是否忙闲不均（是，否）	
	4. 若工作忙闲不均，则最忙时间发生在哪段时间：	
	5. 每周外出时间占正常工作时间的（ ）%	
	6. 到外地出差每月平均（ ）次，每次平均需要（ ）天	
	7. 本地外出平均为每周（ ）次，每次平均需要（ ）小时	
工作独立性	1. 工作的职责明确具体，时刻受到上级的控制（ ）	
	2. 根据常规的方法工作，每完成一步都会受到上级的控制（ ）	
	3. 根据既定的方案和程序工作，上级通过工作检查来控制（ ）	
	4. 根据战略目标工作，上级以工作的最终结果来控制（ ）	
你对哪些方面的工作感到棘手		
1		
2		
3		

综合	1. 在每天的工作中是否要经常迅速做出决定?（　） 　 A. 没有　B. 很少　C. 偶尔　D. 许多　E. 非常频繁
	2. 你手头的工作是否经常被打断?（　） 　 A. 没有　B. 很少　C. 偶尔　D. 许多　E. 非常频繁
	3. 在你的工作中是否需要运用不同方面的专业知识?（　） 　 A. 否　B. 很少　C. 有一些　D. 很多　E. 非常多
	4. 在工作单位里，你所做的工作是否会令人感到不愉快、不舒服?（　） 　 A. 没有　B. 有一些　C. 能明显感觉到　D. 多　E. 非常多
	5. 在工作中你是否需要灵活地处理问题?（　） 　 A. 不需要　B. 很少　C. 有时　D. 较多　E. 非常多
	6. 你的工作是否需要创造性?（　） 　 A. 不需要　B. 很少　C. 有时需要　D. 很需要
	7. 你在履行职责时是否有与员工发生冲突的可能性?（　） 　 A. 否　B. 很少　C. 一般　D. 很有可能
	8. 你是否经常感到工作时间不够用?（　） 　 A. 否　B. 很少　C. 是
	9. 你感觉同事的竞争性怎么样?（　） 　 A. 没感觉　B. 还可以　C. 很强

任职资格要求	1. 你正在起草或撰写的文字资料有哪些?如编写核心编码、改写客户资料等
	（1）
	（2）
	（3）
	2. 你的岗位工作需要的计算机处理水平:

	专业要求:
3. 从事本职工作应具备的	最低受教育程度:

4. 为顺利履行工作职责，应接受的培训:

培训科目	培训内容	最短培训时间（日）
（1）		
（2）		
（3）		

5. 需要多长时间的工作经验才能胜任本岗位的工作?（　）
　 A. 1 年以下　B. 1 年　C. 3 年　D. 5 年　E. 8 年以上

任职资格要求	6. 胜任本岗位所需要的能力	等级	说明：需求程度
	（1）判断决策能力		
	（2）领导能力		
	（3）计划能力		
	（4）分析能力		
	（5）组织人力资源		低较　　低　　一般　　较高　　高
	（6）创新能力		1　　　2　　　3　　　4　　　5
	（7）内部协调能力		
	（8）外部沟通能力		
	（9）协作能力		
	（10）信息管理能力		
	7. 从事本岗位工作所需要的知识		
	（1）		
	（2）		
	（3）		

考核	对于你所从事的工作，你认为：	
	考核要素	具体考核标准
	1.　2.　3.	

备注	1. 你认为本部门应设置哪些岗位，岗位名称为
	2. 你还有哪些需要说明的问题

直接主管意见	
	签字： 日期：

3. 岗位信息分析

对岗位信息进行分析整理，分为以下几个关键部分，具体说明如图2-17所示。

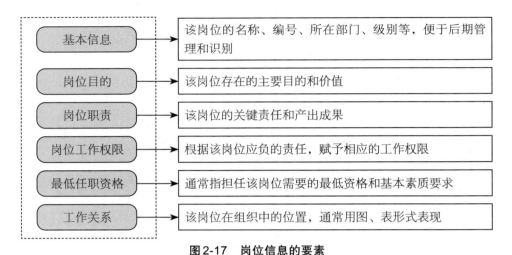

图2-17　岗位信息的要素

4. 岗位信息固化

分析整理岗位信息，并将其填入"岗位说明书"模板进行固化。

五、规范说明书编制，为人才选拔提供依据

根据岗位分析的结果，管理人员制定岗位工作说明书。岗位说明书是指用于阐述员工应该做什么、怎样做和在哪些情况下履行职责的文件。

岗位说明书的编制需要根据企业的具体情况，文字简洁明了，且内容越具体越好，避免形式化、书面化。

（一）岗位说明书的作用

岗位说明书的作用，如图2-18所示。

任职者	管理者	人力资源专业人员
·明确本岗位的价值和主要产出 ·清楚自己的主要产出领域及结果 ·是任职素质提升的依据 ·向上级寻求更有针对性的指导	·更加明确本部门的人员需求 ·为合理分派工作、制订计划提供参考 ·绩效考核的基础工作之一 ·为员工提供更好的辅导和支持	·为公司人力资源规划提供依据 ·匹配岗位与人的基础 ·招聘、培训等工作的基础 ·岗位评价的前提，薪酬制定的基础 ·绩效考核的依据

图2-18　岗位说明书的作用

（二）岗位说明书的内容

岗位说明书的内容因具体情况而异，但通常包括以下几个主要方面，具体说明如图2-19所示。

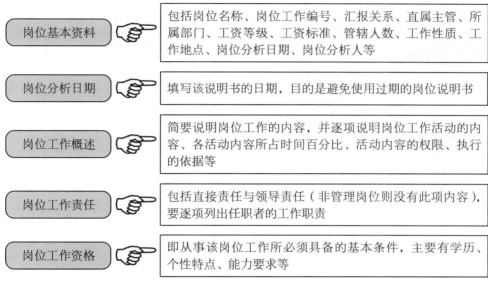

岗位基本资料 ☞	包括岗位名称、岗位工作编号、汇报关系、直属主管、所属部门、工资等级、工资标准、管辖人数、工作性质、工作地点、岗位分析日期、岗位分析人等
岗位分析日期 ☞	填写该说明书的日期，目的是避免使用过期的岗位说明书
岗位工作概述 ☞	简要说明岗位工作的内容，并逐项说明岗位工作活动的内容、各活动内容所占时间百分比、活动内容的权限、执行的依据等
岗位工作责任 ☞	包括直接责任与领导责任（非管理岗位则没有此项内容），要逐项列出任职者的工作职责
岗位工作资格 ☞	即从事该岗位工作所必须具备的基本条件，主要有学历、个性特点、能力要求等

图2-19　岗位说明书的内容

以下提供岗位说明书的模板供参考，如表2-4所示。

表2-4　岗位说明书模板

岗位名称		所属部门		职系	（目前留空）
岗位编号		岗位定员		职等职级	（目前留空）
直接上级		管理幅度		薪资等级	（目前留空）
直接下级		岗位横向发展		岗位纵向发展	
岗位目的（该岗位存在的主要目的和价值）					
工作职责（按重要程度依次列出）					

续表

岗位权限（根据该岗位所负责任，所赋予的相应工作权限）

工作关系（该岗位在组织中的位置，通常用图、表形式表现）

工作联系	
联系对象	联系主要内容
内部	
外部	

工作特征（时间、环境、条件）	
工作时间：　　　　　　　　　　是否均衡出差：	
工作场所：　　　　　　　　　　工作负荷：	
环境状况：　　　　　　　　　　危险性：有无危险及职业病危害	
使用设备：	

任职资格	
教育背景	学历、学习专业、资格证书
专业培训	培训内容、培训方式、培训时间
工作经验	行业工作经验、岗位工作经验、最高职位经历
必备知识与技能	专业知识、语言能力、计算机能力、公文处理能力、专业技术资格及其他特殊能力要求
生理要求	身体、性别、年龄、形象气质
其他要求	性格、态度

关键绩效标准
关键指标，衡量标准
本人已认真阅读了本岗位说明书，并同意和接受上述内容和要求。 　　　　　　　　　　　任职人：　　　　　　　　　　日期：

第3章

突破配置难题：让人才各得其所

　　人力资源配置是指在具体的组织或企业中，为提高工作效率、实现人力资源的最优化而实行的对组织或企业的人力资源进行的科学和合理的配置。人力资源配置的工作包括岗位序列设计、岗位胜任素质模型、晋升通道设计、员工招聘与录用。

第一节　岗位序列设计，搭建人才成长阶梯

　　在大中型企业中，其内部员工的工作内容总会有所不同，我们将这些不同岗位进行归类管理，划分出不同的"岗位序列""岗位群落"或"职能别"等。

一、领悟设计意义，促进员工职业发展

　　划分岗位序列是人力资源管理的基础工作之一。划分岗位序列在人力资源管理中有两个作用：第一，根据序列的不同设计不同的薪酬体系，如管理序列采用年薪制，管理支持序列采用岗位业绩工资制；第二，根据员工的特长及未来的发展规划，可选择不同的序列，在同一序列内又会设计若干上升空间（如薪酬通道），为员工提供充足的发展空间。

　　设计不同的岗位序列，主要是为了方便企业对岗位任职者采取差异化管理。差异化管理主要体现在薪酬激励与绩效考核方面。不同岗位序列的考核方式、考核指标、薪酬结构、薪酬元素和激励模式都不同。

二、了解分类方式，构建清晰岗位体系

　　根据工作内容、工作性质的不同，常规岗位可被分为五大序列，如表 3-1 所示。

　　岗位序列划分以岗位工作性质和任职资格要求为主要依据，将同类岗位归并而成。这些岗位要求任职者具备的素质相同或相关，承担的责任和功能相似或相同。

表3-1　岗位序列的分类

序号	分类	说明
1	管理序列	从事管理工作并拥有一定职务的职位。通俗的理解是"手下有兵"的管理者，企业把其承担的计划、组织、领导、控制职责作为主要的付薪依据。在一般企业中常用所谓的"中层和高层"的概念
2	职能序列	从事某方面的职能管理、生产管理等职能工作且不具备或不完全具备独立管理职责的职位。与"管理序列"岗位的区别在于，该岗位下可能也有下属人员，但企业付薪的主要依据不是其承担的计划、组织、领导、控制职责，而是其指导、监督、督促、辅助、支持等方面的职责
3	技术序列	从事技术研发和设计等工作的岗位，有一定的技术含量。企业付薪的主要依据是其专业技能，付薪依据不体现为计件的产品，但不排除会有类似项目奖金的目标性激励
4	营销序列	营销序列是指从事销售或市场开拓等工作的岗位，这类工作的工作场所不固定，甚至在外时间比在公司时间还要长。这些岗位绩效考核、薪酬激励的内容与其他岗位相比差异是最大的
5	操作序列	操作序列是指从事生产作业类工作的职位。这类工作一般工作场所比较固定，专业化程度较高，工作内容的重复性较强，创造性较少。在有些企业中，这类工作的任职者是构成"基层员工"的主要群体

岗位序列划分要明确各序列的定义，并与企业的薪酬体系、员工的职业生涯规划联系起来，以利于企业实际运作为前提。

三、掌握归属判定，确保岗位精准定位

在划分完成岗位序列后，企业要对具体岗位进行岗位序列归属分析，以明确每个岗位属于哪个序列。在实际工作中，有些岗位既从事技术工作，也从事管理工作，无法清晰界定其归属。判定这类岗位的归属时应遵循如下原则。

（1）按岗位序列定义进行归属。

（2）中层及以上管理岗位，因薪酬结构和考核方式与其他序列明显不同，原则上应归属于管理序列，但各实体单位如车间等一线生产部门，车间主任等中层岗位可以归属于生产管理序列。

（3）岗位职责偏重原则。例如，某岗位的关键职责有70%属于技术工作，30%属于管理工作，在这种情况下该岗位应归属于技术序列。

（4）薪酬就高原则。例如，某岗位既可归属于技术序列，又可归属于管理序列，除遵循以上三项原则外，还可对可归属各序列对应级别的年收入总额进行比较，最终将其归属于年收入总额较高的序列中。例如，某岗位归属于技术序列时，对应技术序列为9

级，年收入为30万元；当它归属于管理支持序列时，对应管理支持序列为9级，年收入为25万元，最终该岗位应归属于技术序列。

第二节　构建胜任素质模型，选拔高潜人才

一、解析基本元素，明确人才胜任标准

胜任素质也称能力素质，是指促使员工做出卓越绩效的一系列综合素质，如员工的知识水平、职业素养、技能或能力、自我认知、性格特征等。

能否显著区分员工的工作绩效差异是判断员工具备某项胜任素质的标准，即工作业绩卓越和工作业绩一般的员工在该项标准方面的行为表现是有明显差别的。人力资源从业人员可以从以下四个维度识别员工的能力素质或岗位胜任特征。

（一）知识

此处提到的知识，既包括员工从事某一职业领域的工作必须具备的专业知识，如财务管理、人力资源管理、市场营销等学科的专业知识，也包括员工在某一组织中工作必须掌握的相关知识，如公司业务知识、客户信息和产品知识等。岗位胜任模型中的知识应包括行业知识、专业知识和公共知识三类。

（二）技能或能力

技能是指完成某项具体工作应具备的技术，如计算机操作技能、财务分析能力等。

能力是指员工具备的、不容易改变的特质，如人际关系协调能力、问题分析能力、判断推理能力、市场拓展能力等。

（三）职业素养

职业素养是指员工应具备的思想道德、意识及行为习惯，如主动性、责任心、忠诚度、团队意识和诚信意识等。

（四）性格特征

性格特征是指持续而稳定的行为与心理特征，如开朗型、稳重型、忧患型等。

二、剖析结构要素，打造科学胜任模型

素质模型结构是指根据某岗位员工应具备的胜任素质，从知识、技能或能力、职业素养、性格特征四个层面来构建其胜任素质模型，如图3-1所示。

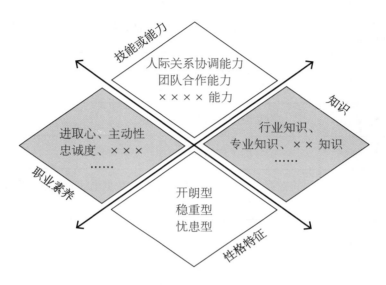

图3-1　素质模型结构

（1）胜任素质模型的知识要素，如表3-2所示。

表3-2　胜任素质模型的知识要素

素质结构要素	维度	具体说明	举例	测评方法
知识	行业知识	包括行业的运作方式，代表性企业，发展现状，业务或产品种类、特征，业务或产品覆盖范围、市场分布等	物流的概念，物流的运作模式，中国物流的发展现状等	笔试试卷考试
	专业知识	包括专业知识体系、各模块知识、工作中常涉及的相关专业知识	人力资源专业知识、市场营销专业知识	笔试试卷考试
	企业管理知识	对企业日常管理的认知，包括企业文化知识、办公自动化知识、行政管理知识、公共关系知识、法律知识和财务知识等	行政管理知识，如日常行政事务处理、档案管理、公文处理、后勤服务管理等方面的知识	笔试试卷考试
	公共基础知识	包括人际交往知识、礼仪知识、安全知识、写作知识等	礼仪、人际沟通方面的知识	笔试试卷考试

（2）胜任素质模型的技能或能力要素，如表3-3所示。

表3-3　胜任素质模型的技能或能力要素

素质结构要素	维度	具体说明	测评方法
技能	办公软、硬件操作技能	在日常办公中经常会用到的技能，如办公软件使用技能	
	专业技能	工作中常会用到的专业技能，如招聘、财务分析、文字编辑、编程、处理客户投诉等技能	
	其他技能	工作中常会用到的非专业技能	
独立工作能力	目标导向	关注最终的工作结果，按照预定计划实施	
	分析能力	将数据转化为信息，理解信息和数据之间的关系，寻找现象的根源和诱因	
	洞察力	对组织内部和外部发生的变化、本职工作或专业领域的新进展保持清醒的认知	
	创新能力	能够围绕任务的价值和成本，创造性地改进工具、流程、制度和习惯，能鉴别可利用的机会和方法，能清晰地定义客户需求，并围绕客户需求对产品和服务进行改进	
	适应能力	能随条件、任务、人员和职责的变化进行调整，以适应新的情景	
	服务导向	对顾客有礼貌、有耐心，乐于帮助顾客，能理解顾客的意见，并以实际行动满足顾客的需求	
	自我发展	能够认识到工作所需的知识、技能和能力，能有针对性、有计划、系统性地提高自己的知识和技能	
人际关系协调能力	倾听能力	倾听时能配合非语言交流因素，能理解他人的表述，能复述他人表述的要点；当他人表述不清时，能提出问题并引导表述；当他人的表述偏离主题时，能把话题重新引回主题	
	语言表达能力	能够清晰、有条理、准确地表达自己的观点和看法，能配合表情和动作表达观点，能根据对方的表情和反应调整自己的表达方式和措辞	
	书面表达能力	能够清晰、有条理、准确地以书面形式表达自己的观点和看法，能站在阅读者的立场思考自己的表达形式和措辞	

续表

素质结构要素	维度	具体说明	测评方法
人际关系协调能力	人际关系处理	能与他人和谐、友好地相处和合作，能与上级保持顺畅沟通，及时报告问题并寻求指导	
	协作精神	能意识到自身工作对公司整体目标的影响和贡献，能服从于公司整体目标；能感知到他人的想法和兴趣，能站在他人的立场思考问题，能积极地影响和引导他人并服从于公司整体目标	
	利他精神	能积极主动地帮助新同事适应工作环境，愿意帮助同事解决工作中出现的问题，愿意分担同事的工作任务	
	获得信任能力	能向上级和合作的同事及时通报工作进展，在责任边界不清晰时，愿意主动承担责任；对下级能提供支持，能在公共场合肯定同事和下属对成果的贡献	
	会议发言能力	会议发言能围绕主题，发言时观点明确、表述直接，能为自己的观点寻找证据；当与他人意见不一致时，能就观点展开讨论，而不是为了面子而展开辩论	
	冲突处理能力	能够判断冲突的来源，在发生冲突时，能将注意力集中在双方的共同点上；能够用现实的收益，而不是假想的损失来定义成果；在冲突中，能分清人、观点和利益，并且能够引导大家关注利益	
	组织意识	能积极维护公司的名誉，澄清外界对公司的误解；能主动提出改善运作的建议；能积极参加公司组织的各种活动；能在公共场合意识到自己代表的是公司	
	工作、家庭平衡能力	能获得配偶的支持，也能支持配偶对工作的投入，在事业上与配偶是相互欣赏的关系，能认识到自己在情感、经济、家务以及个人行为上的家庭角色和责任	
管理领导能力	决策能力	开发备选方案，做出SWOT（优势、劣势、机会、威胁）分析，综合信息和合理的假设，做出更符合逻辑的选择	
	计划能力	为系统、全面完成任务制订计划，确定时间表和行动方案，制定资金和资源预算	
	组织能力	分配资源、争取必要的资源，明确流程间的衔接和过渡	
	领导能力	激发他人的工作热情，了解他人的工作行为，提升他人对组织的忠诚度和归属感	
	控制能力	具有根据结果反向推理流程的能力，跟进流程进展，跟踪资金和资源的使用情况，及时提醒其他成员按计划完成目标	
	授权能力	在为下属分配工作时，能充分考虑到任务的重要性、时间要求、下属的能力或技能、工作量、下属开发的需求，在与下属讨论完成方法时，能承诺提供必要的资源和支持	

续表

素质结构要素	维度	具体说明	测评方法
管理领导能力	预案开发能力	能针对工作中出现的各种情景制定相应的应对方案；能组织讨论和演练各种预案，以提高预案的有效性和实操性	
	下属指导能力	能预测下属的绩效表现、诊断下属的绩效问题，能围绕绩效目标指导下属改进工作行为、提高工作技能	
	下属开发能力	能充分利用工作情景启发和提高下属的领导能力和管理思维	
	结构塑造能力	能根据长远目标调整组织结构和部门职能，能根据各职能部门的任务特征决定管理的深度、跨度、指令线路、汇报线路和权力集中度	
	文化建设能力	能为组织成员描绘共同的愿景；能确定组织适合的工作态度、沟通方式、工作方式、领导方式和管理方式；能确定组织适合的生活方式、人际关系和社区关系	
	变革推动能力	能发现组织现状和长期战略之间的冲突，能发现员工整体习惯和企业文化中的不良因素，能点燃员工的激情，从而有计划、有步骤地推动变革	

（3）胜任素质模型的职业素养要素，如表3-4所示。

表3-4　胜任素质模型的职业素养要素

素质结构要素	维度	具体说明	测评方法
职业素养	现实投入性	现实、理性、时间观念强	
	思维逻辑型	合理推理、因果推理	
	成就动机	方向一致、持久	
	人际沟通能力	有效倾听、高效表达、非语言交流	
	组织沟通力	层级沟通能力、阅读书写能力	
	独立意识	情感独立、经济独立、思维独立	
	团队意义	能理解公司整体目标、服从性强	
	服务意识	服务内部客户、外部客户	
	成本意识	消费的理性与计划性	
	学习能力	阅读习惯、系统学习、工具性学习	
	尽责性	在正常情况下和压力、变化下，仍能有效、独立地完成工作，并能从头到尾检查工作是否有错误或遗漏	

续表

素质结构要素	维度	具体说明	测评方法
职业素养	严谨性	关注工作细节，了解任务的整个流程和关键因素，能根据情景和数据预测流程的进展情况	
	主动性	为实现更高绩效，能主动采取超出预期的行动，并寻找机会改进工作流程	
	挑战性	能为自己或他人设定较高的工作目标，寻求有挑战性的任务，并能尽责、高效地完成工作	
	自信心	能坚持自己的观点并能明确表达自己的观点，相信自己的技能和完成任务的能力，坚持自己对结果的预测	

（4）胜任素质模型的性格特征要素，如表3-5所示。

表 3-5　胜任素质模型的性格特征要素

素质结构要素	维度	具体说明	测评方法
性格	内向型（I）	优点：独立自主、埋头工作、勤勉、坚持按自己的想法行事 缺点：易对外在环境产生误解，遇到困难容易逃避，易错失良机，易被他人误会，不愿工作被打断	
	外向型（E）	优点：善于运用外在环境、乐意与他人来往、有开放的态度、行动派、易被他人了解 缺点：需要和他人共事、喜欢变化、冲动派、讨厌被规则约束	
	直觉型（N）	优点：能以整体概念评价事物、富有想象力、愿意尝试新鲜事物、喜欢复杂的工作、喜欢解决新奇的问题 缺点：不注意实际、不注重细节、不合逻辑	
	知觉型（S）	优点：注意细节、重视实际、能记住琐碎细节、能接受烦闷的工作、有耐性、做事细心有系统性 缺点：易失去整体的概念，不求创新，难以应付太复杂的工作，不喜欢预测未来	
	思考型（T）	优点：坚持逻辑，善于分析，能客观、公正、有逻辑地思考问题，做事坚定 缺点：易忽略他人感受、误解他人观点，不易表露感情、同理心较少、难以说服他人	
	感受型（F）	优点：能体谅他人感受、了解他人的需要、喜欢和谐的人际关系、易表露情感、喜劝导他人 缺点：不合逻辑，不够客观，缺乏系统性的思考，没有批判精神，易感情用事	

续表

素质结构要素	维度	具体说明	测评方法
性格	熟思型（P）	优点：可从各角度欣赏事物，具备弹性、开放的态度，会依据可靠的资料做决定，不任意批评他人 缺点：犹豫不决、散漫无计划、无法有效控制情况、易分心、不照计划做事	
	决断型（J）	优点：能依据计划性的、系统性的思维做决断，有控制能力，能明快地做出决定 缺点：固执、不易妥协、无弹性、总是依据现有的少量数据做出决定	

三、掌握构建过程，精准识别优质人才

岗位胜任素质模型的构建过程如图3-2所示。

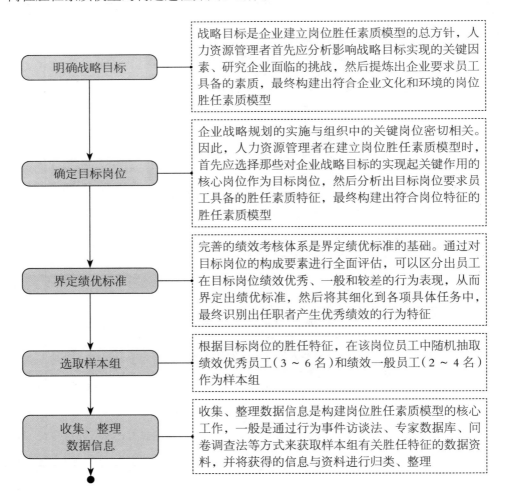

明确战略目标
战略目标是企业建立岗位胜任素质模型的总方针，人力资源管理者首先应分析影响战略目标实现的关键因素、研究企业面临的挑战，然后提炼出企业要求员工具备的素质，最终构建出符合企业文化和环境的岗位胜任素质模型

确定目标岗位
企业战略规划的实施与组织中的关键岗位密切相关。因此，人力资源管理者在建立岗位胜任素质模型时，首先应选择那些对企业战略目标的实现起关键作用的核心岗位作为目标岗位，然后分析出目标岗位要求员工具备的胜任素质特征，最终构建出符合岗位特征的胜任素质模型

界定绩优标准
完善的绩效考核体系是界定绩优标准的基础。通过对目标岗位的构成要素进行全面评估，可以区分出员工在目标岗位绩效优秀、一般和较差的行为表现，从而界定出绩优标准，然后将其细化到各项具体任务中，最终识别出任职者产生优秀绩效的行为特征

选取样本组
根据目标岗位的胜任特征，在该岗位员工中随机抽取绩效优秀员工（3～6名）和绩效一般员工（2～4名）作为样本组

收集、整理数据信息
收集、整理数据信息是构建岗位胜任素质模型的核心工作，一般是通过行为事件访谈法、专家数据库、问卷调查法等方式来获取样本组有关胜任特征的数据资料，并将获得的信息与资料进行归类、整理

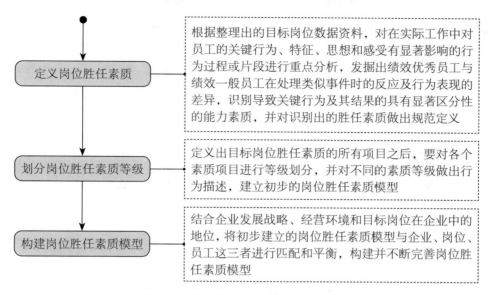

图3-2　岗位胜任素质模型的构建过程

第三节　晋升通道设计，点燃员工奋斗激情

为合理、充分、有效地利用企业内部的人力资源，促进员工的发展，调动员工的积极性，留住优秀人才，增强企业的核心竞争力，促进企业的长期发展，人力资源管理者有必要对员工的晋升通道进行设计。

一、明确设计原则，确保晋升公平公正

人力资源管理者在设计员工晋升通道时，应遵循如图3-3所示的原则。

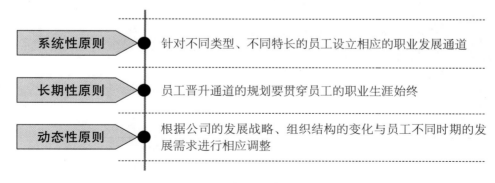

图3-3　员工晋升通道的设计原则

二、规划设计步骤，助力员工快速晋升

（1）设计出各部门人员的晋升通道。以下列出了技术研发部人员的两条晋升通道：管理晋升通道（如表3-6所示）和技术晋升通道（如表3-7所示），供读者参考。

表3-6 技术研发部人员的管理晋升通道

晋升	职位	待遇	职责与绩效目标
↑	技术总监（正、副）	工资：×× 奖金：×× 岗位津贴：×× 股权：××	**职责**：技术发展战略规划、技术管理与支持、新产品开发 **关键绩效指标**：产品质量合格率应在××%以上，新产品开发计划完成率应在××%以上，工艺改造计划完成率应达××%
	研发部经理（正、副）	工资：×× 奖金：×× 岗位津贴：××	**职责**：研发管理、成果测试与验收、组织技术论证与交流 **关键绩效指标**：新技术课题完成率应达××%，新产品开发完成率应达××%，新产品测试达标率应达××%
	工艺主管（正、副）	工资：×× 奖金：×× 岗位津贴：××	**职责**：组织研发调研，制定研发方案，管理研发过程，组织新产品鉴定 **关键绩效指标**：研发费用应控制在××万元以内，新产品课题完成率应达××%，新产品开发达成率应达××%
	技术研发员	工资：×× 奖金：××	**职责**：执行研发调研，实施研发方案 **关键绩效指标**：新技术应用生产效率提高应在××%以上，研发项目完成率应达××%

表3-7 技术研发部人员的技术晋升通道

晋升	职位	待遇	职责与绩效目标
↑	总工程师	工资：×× 奖金：×× 津贴：×× 股权：××	**职责**：负责新产品的研发计划编制和研发管理，提供技术支持与设计改进，负责技术资料管理 **关键绩效指标**：新技术课题完成率应达××%以上；新产品开发计划完成率应在××%以上；新产品测试达标率应在××%以上
	工程师（高级、中级）	工资：×× 奖金：×× 津贴：××	**职责**：协助总工程师研发计划编制和研发管理，提供技术支持，执行研发计划 **关键绩效指标**：新技术开发达成率应达××%；新产品测试达标率应达××%
	助理工程师	工资：×× 奖金：×× 津贴：××	**职责**：负责研发过程管理，执行研发计划 **关键绩效指标**：新产品开发达成率应达××%；新产品测试达标率应达××%
	技术研发员	工资：×× 奖金：××	**职责**：执行研发调研，实施研发方案 **关键绩效指标**：新技术应用生产效率提高应在××%以上；研发项目完成率应达××%

（2）设置相应的晋升标准，如绩效考核标准、资格与能力素质标准。

例如，班组长的关键绩效指标考核标准范例，如表3-8所示。

表3-8 班组长关键绩效指标考核表

姓名：　　　　　　　　　　　　　　　考核起止日期：
职位：班组长　　　　　　　　　　　　考核日期：
所属部门：生产部　　　　　　　　　　记录人：

绩效指标名称	权重	绩效评分标准	计算公式	得分
生产计划完成率	0.40	生产计划完成率应达××%以上，每增加（降低）1%加（扣）1分	100×权重+（实际完成率－计划完成率）×100	
产品合格率	0.30	产品合格率应达××%以上，每增加（降低）1%加（扣）1分	100×权重+（实际合格率－计划合格率）×100	
工伤事故发生率	0.30	年度员工工伤事故最大允许发生率应控制在××‰，每增加（降低）1‰应扣（加）1分	100×权重+（最大允许发生率－实际发生率）×1000	
总计	1.00			

考核等级划分标准					
等级	A	B	C	D	E
分值区间	100分及以上	90～100分（含90分）	80～90分（含80分）	60～80分（含60分）	60分以下
评价结果	优秀	良好	合格	待提高	差

受评人（签字）：　　　　考核人（签字）：　　　　复核人（签字）：

表3-9给出了资格与能力素质标准评价表（范例），请根据自身企业各部门员工的工作性质，选择相应的评价项目，以确定权重。

表3-9 资格与能力素质标准评价表（范例）

姓名：　　　　　　　所属部门：　　　　　　　晋升职位：

评价项目		权重	得分	分值区间	评分标准
能力素质标准	决策能力	0.15		0～39分	面对问题有些优柔寡断，需要在别人的帮助下做出决策
				40～79分	能较快速做出判断，并做出正确的决策
				80～100分	能很快做出判断，并做出科学合理的决策

续表

评价项目		权重	得分	分值区间	评分标准
能力素质标准	组织能力	0.15		0～39分	能在他人的帮助下做好组织工作
				40～79分	能独立做好组织工作，实现工作目标
				80～100分	能高效做好组织工作，实现工作目标
	沟通能力	0.1		0～39分	基本不了解下属或他人的顾虑和问题，很少与他们交流
				40～79分	能注意到下属或他人的顾虑和问题，并与他们交流
				80～100分	经常与下属交流，能迅速体会他人处境，设身处地思考问题，产生思想共鸣
	团队合作能力	0.1		0～39分	了解团队的任务，在团队中承担一般性工作，协助团队工作
				40～79分	能运用专业知识提出自己的建议，善于与同事交流，推动团队开展工作
				80～100分	善于接纳别人的观点，能与同事进行深入交流，共同解决工作中的问题，推动团队开展工作
	问题解决能力	0.1		0～39分	能对问题进行一般性分析，最终找到解决方案
				40～79分	能运用逻辑思维分析问题、有效解决问题，并能将结论记录下来以指导将来的工作
				80～100分	能运用严密的逻辑思维高效解决问题，并利用结论合理配置资源、把握公司的战略方向
	学习能力	0.05		0～39分	学习能力一般
				40～79分	学习能力较强
				80～100分	学习能力很强
资格标准	技术资格	0.1		0～39分	初级
				40～79分	中级
				100分	高级
	技术成果	0.1		0～39分	2项及以下
				40～79分	3～5项
				80～100分	6项及以上
	工作年限	0.1		0～39分	3年及以下
				40～79分	4～7年
				80～100分	8年以上
	学历	0.05		0～39分	大专及以下
				40～79分	本科
				80～100分	研究生及以上

记录人（签字）：　　　　　　　审核人（签字）：

一般情况下，基层、中层员工每三年晋升一次职位，管理者依据这三年评价结果的平均分来判断是否给予员工晋升；高层人员每五年晋升一次职位，同样是依据这五年评价结果的平均分来判断是否给予高层人员晋升。

（3）晋升评价包括三个步骤，即评价、面谈与试用、结果公布。

① 评价。根据已设置的绩效标准与资格、能力素质标准，按照员工的实际表现进行打分，根据得分情况和等级标准来判断是否给予晋升。晋升总评分表如表3-10所示，等级评定标准如表3-11所示。

表3-10　晋升总评分表

姓名：　　　　　　　　　　　所属部门：　　　　　　　　　　　晋升职位：

评价指标	权重	评分	备注
绩效	0.7		
资格与能力素质	0.3		

总得分：＿＿＿＿＿＿＿

表3-11　等级评定标准

姓名：　　　　　　　　　　　所属部门：　　　　　　　　　　　晋升职位：

等级	A	B	C
分值	≥ 90 分	60～90 分	＜ 60 分
结果	晋升	保持原职	下调

是否晋升：＿＿＿＿＿＿＿

注：请根据企业自身情况自行调整各岗位人员绩效、资格与能力素质的权重。

② 面谈与试用（人力资源管理者根据企业情况决定是否要设置面谈和试用环节）。经过评价环节，获得晋升机会的人员将进入下一环节——面谈。面谈主要是各级领导针对评价过程中未涉及的方面与员工进行面谈。员工面谈记录表如表3-12所示。

表3-12　员工面谈记录表

姓名：　　　　　　　　　　　所属部门：　　　　　　　　　　　晋升职位：

评价项目	评价维度	面谈纪要
综合项目	态度	
	责任心	
	思想品质	
	沟通能力	
	创新学习能力	

评价项目	评价维度	面谈纪要
综合项目	语言表达能力	
	组织协调能力	
专业技能	职业技能	
	职业兴趣	
总评		签字：　　　　　　日期：　　年　月　日
晋升部门意见		签字：　　　　　　日期：　　年　月　日
人力资源部意见		签字：　　　　　　日期：　　年　月　日
总经理意见		签字：　　　　　　日期：　　年　月　日

注：请根据企业情况选择面谈内容。

可安排面谈合格者在新职位上试用。试用结束后，各级领导对其在试用期内的表现进行评价。表3-13为晋升人员试用情况评价表。

表3-13　晋升人员试用情况评价表

姓名：　　　　　　　　　　所属部门：　　　　　　　　　　晋升职位：

晋升部门意见	
	签字：　　　　　　日期：　　年　月　日
人力资源部意见	
	签字：　　　　　　日期：　　年　月　日
总经理意见	
	签字：　　　　　　日期：　　年　月　日

时间：＿＿＿＿＿＿＿＿签字（晋升人员）：＿＿＿＿＿＿

注：试用期一般为三个月，请根据企业情况自行调整。

③ 结果公布。评价、面谈、试用均合格后，人力资源部确定晋升名单，形成文件，并张榜公布。晋升评价结果如表3-14所示。

表 3-14　晋升评价结果

序号	晋升者姓名	所属部门	原职位	晋升职位	评价得分

人力资源部签章：　　　　　　　　　　　　　　时间：

（4）应用与改善。

① 晋升通道设计可应用于以下三个方面：

一是职位/级别的晋升，职位/级别的晋升是对员工工作能力的肯定和进一步的期待，可以对员工起到一定的激励作用；

二是薪酬调整，员工的职业发展情况应与薪酬待遇变化相对应；

三是员工激励，要让员工看到工作的希望，激励员工发挥潜能，使企业与员工达到"双赢"。

② 改善。改善包括晋升通道设计的完善和员工自我完善。

第四节　高效招聘录用，为企业招揽优质人才

员工招聘与录用是一个系统且严谨的过程，每个环节都需要精心策划和执行，以确保企业招聘到合适的人才，为企业发展注入新的活力。

一、做好前期准备，让招聘事半功倍

（一）制订招聘计划

招聘计划是人力资源部的一项重要工作成果。人力资源部依据用人部门提交的增员

申请，同时结合企业的人力资源规划以及职位说明书相关要求，明确在特定时期内需要招聘的职位、人员数量、资质要求等关键信息，并据此制定出具体的招聘活动执行方案。

招聘计划中应当清晰界定应聘人员需具备的素质条件、招聘的地区与范围以及起始待遇等内容。具体而言，招聘计划所涵盖的内容如图3-4所示。

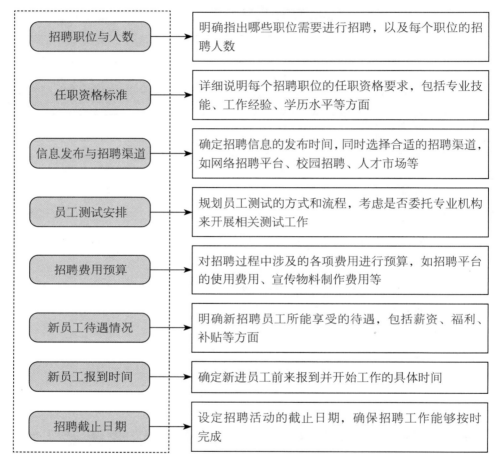

图 3-4　招聘计划所涵盖的内容

（二）做好招聘成本预算

倘若招聘成本高于所要招聘人才的价值，那么招聘就是失败的。所以，企业在招聘前要做好招聘预算，从而控制招聘风险。具体应根据招聘渠道、招聘规模等因素，预估招聘过程中产生的费用，如招聘平台会员费、广告费、差旅费、面试费用等，合理安排招聘预算。

下面提供两份不同的招聘费用预算表，供读者参考。

【范本3-01】▸▸▸

××年××分公司招聘费用预算表

项目	拟招聘人数	拟招聘人数依据	招聘费用						
			招聘费用合计	网站招聘费用		校园招聘费用		其他招聘费用	
				金额	网站名称	金额	费用明细	金额	费用明细
1月									
2月									
3月									
1季度汇总									
4月									
5月									
6月									
2季度汇总									
7月									
8月									
9月									
3季度汇总									
10月									
11月									
12月									
4季度汇总									
合计									

制表人：人力资源经理　　　　　　　审核：总经理　　　　　　　　　审批：

注：1.除了校园招聘费用外，其他招聘费用按合同期均分。例如，某网站全年合同费用为10800元，合同期内每月费用为900元；某网站半年合同费用为6000元，合同期内每月费用为1000元。

2.此项工作流程：分公司人力资源部审核→报总部招聘组初审→招聘组回复意见→分公司人力资源部报分公司总经理审批→报总部人力资源部→总部人力资源部审批。

3.如有多家合作的招聘网站，请逐一列出各网站名称和金额。

【范本 3-02】 ▸▸▸

招聘活动费用预算表

招聘时间	
招聘地点	
负责部门	
具体负责人	

招聘费用预算表

序号	项目	预算金额（元）
1	企业宣传海报及广告制作费	1200
2	招聘场地租用费	2000
3	会议室租用费	800
4	交通费	100
5	食宿费	100
6	招聘资料复印打印费	60
合计		4260

预算审核人 （签字）：	公司主管领导 （审批）：

（三）选择招聘渠道

针对不同的岗位需求，人力资源部应合理地选择招聘渠道。通常一次招聘工作需要采用两种或两种以上的招聘渠道。这就要求人力资源部首先应准确了解各种招聘渠道的特点，然后根据招聘成本、岗位特点、各种层级人才的求职特点合理地选择招聘渠道。

1. 内部招聘

企业可以通过内部晋升、岗位轮换、员工推荐等方式，挖掘企业内部人才。内部招聘能激励员工，且人才对企业熟悉，适应期短。如企业发布内部招聘公告，鼓励员工自荐或推荐他人。

2. 外部招聘

外部招聘渠道如图 3-5 所示。

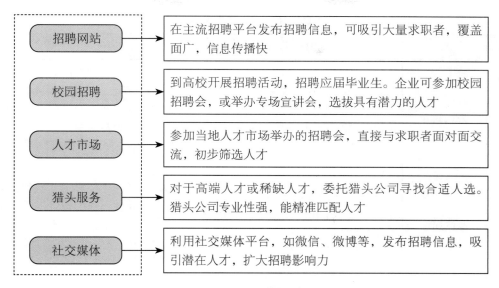

图 3-5　外部招聘渠道

（四）制作并发布招聘广告

制作并发布招聘广告是吸引潜在求职者、提升招聘效果的重要环节，具体步骤如图 3-6 所示。

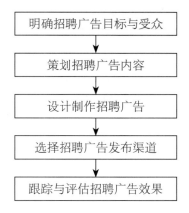

图 3-6　制作并发布招聘广告的流程

1. 明确招聘广告目标与受众

在制作招聘广告之前，需明确招聘的岗位需求和目标，如是为了填补某个特定部门的空缺，还是为了储备人才。同时，确定目标受众，分析他们的特点、偏好和获取信息的渠道，以便有针对性地设计广告内容。

2. 策划招聘广告内容

招聘广告内容如表 3-15 所示。

表3-15 招聘广告内容

序号	项目	内容说明	示例
1	公司简介	简要介绍公司的发展历程、业务范围、行业地位、企业文化等，突出公司的优势和特色，吸引求职者的关注	例如，"（公司名称）成立于（成立年份），是一家专注于（业务领域）的行业领先企业，以创新的产品和优质的服务赢得了广泛的市场认可，我们秉持（企业文化理念），为员工提供广阔的发展空间。"
2	岗位描述	清晰、准确地描述招聘岗位的主要职责、工作内容和任职要求，包括所需的专业技能、工作经验、学历背景、能力素质等	例如，"岗位名称：软件工程师；岗位职责：负责软件系统的设计、开发和维护工作；任职要求：计算机相关专业本科及以上学历，3年以上软件开发经验，熟练掌握（编程语言）等。"
3	薪酬福利	提及具有吸引力的薪酬待遇和福利政策，如基本工资、奖金、津贴、五险一金、带薪年假、培训机会、晋升空间等，可以增加广告的吸引力，吸引更多优秀人才	例如，"我们提供具有竞争力的薪酬待遇，包括月度绩效奖金、年终奖金，完善的五险一金福利，每年10天带薪年假，以及丰富的内部培训和晋升机会等。"
4	工作地点与申请方式	明确工作地点，方便求职者考虑通勤等因素。同时，提供清晰的申请方式，如指定的邮箱地址、在线申请链接或联系电话等	例如，"工作地点：（具体城市和地址）；申请方式：请将个人简历发送至（邮箱地址），邮件主题请注明应聘（岗位名称）。"

招聘广告模板

招聘广告

编号：_____

（本组织简介）

一、招聘信息

1. 岗位名称；

2. 名额；

3. 应聘条件（即录用条件，限制性条件必须排除性别、年龄、民族、籍贯、社团组织等，但根据招聘需求岗位的实际工作及特殊劳动群体保护的情况，可以在性别和年龄上明确规定）。

二、应聘方式

1. 招聘广告的有效期限；

2. 必须提供的资料；

3. 相关的联系信息（包括联系人、联系地址、时间及方式等）。

三、重要提示（建议在广告的显著位置注明）

1. 经考核，符合录用条件的，本组织将予以录用；

2. 凡被录用的，必须办理相关报到入职手续；

3. 根据法律规定，提供虚假、无效的应聘资料和信息，以欺诈或其他手段使本组织在违背真实意思的情况下录用的，本组织在任何时候均有取消并追究当事人法律责任的权利；

4. 注明"限于文选篇幅，具体录用条件可能未详细说明，应以本组织在招聘考核时另行书面告知的为准"；

5. 明确声明本组织绝不收取任何押金，无担保条件。

四、其他

1. 为增强效果，可以表现诸如"本组织尊重员工权益，工资及加班工资完全符合法律规定，绝不拖欠、拖延工资"之类的意思；

2. 如有必要，可以注明现行或可以兑现的工资待遇及福利情况；

3. 为防止他人利用本组织名义以招聘为名实施违法犯罪活动，可以作必要的提示说明（介绍本文广告张贴地点、张贴份数、是否委托他人代为招聘等情况）。

3. 设计制作招聘广告

设计制作招聘广告的要点如图3-7所示。

选择合适的设计风格 ☞	根据公司的品牌形象和目标受众的喜好，选择简洁、美观、易读的设计风格。色彩搭配要协调，字体大小和排版要合理，确保广告信息易于传达
添加视觉元素 ☞	可以适当添加公司标志、产品图片、相关图标等视觉元素，增强广告的吸引力和辨识度。但要注意避免元素过多导致广告内容杂乱
确保内容排版合理 ☞	将招聘广告的各项内容进行合理排版，突出重点信息。一般来说，公司简介和岗位名称可以放在较为显眼的位置，薪酬福利和申请方式等信息也应清晰呈现

图3-7　设计制作招聘广告的要点

4. 选择招聘广告发布渠道

招聘广告发布的渠道如图3-8所示。

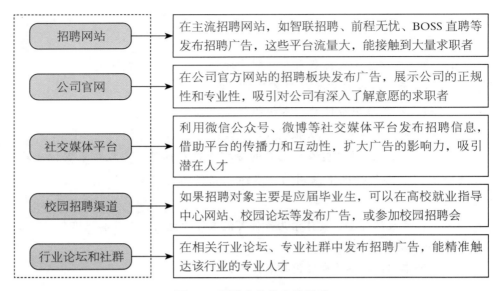

图 3-8　招聘广告发布的渠道

5. 跟踪与评估招聘广告效果

企业在招聘广告发布后，要及时跟踪广告的曝光量、点击量、简历投递数量等数据，评估广告的效果。根据数据反馈，分析广告内容和发布渠道的有效性，必要时进行调整和优化，以提高招聘效果。

二、科学实施招聘，精准筛选合适人选

实施招聘的过程如图 3-9 所示。

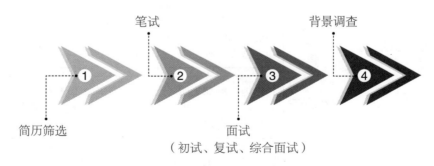

图 3-9　实施招聘的过程

（一）简历筛选

简历筛选是指根据岗位要求，对收集到的简历进行筛选，关注求职者的基本信息、工作经历、教育背景、技能证书等，挑选出符合初步要求的简历进入下一环节。

1. 明确筛选标准

在开始筛选简历之前，招聘人员需与用人部门充分沟通，明确招聘岗位的具体要求，包括学历、专业、工作经验、技能水平、能力素质等。将这些要求细化为具体的筛选标准，例如，招聘软件工程师岗位，要求计算机相关专业本科及以上学历，3年以上Java开发经验，熟悉数据库操作等。

2. 查看基本信息

需查看如图3-10所示的应聘者基本信息。

重点查看求职者的学历是否符合岗位要求，专业是否与招聘岗位相关。对于一些专业性较强的岗位，如医生、律师等，专业匹配度尤为重要。若岗位要求研究生学历，本科学历的简历可能就需要谨慎考虑

根据岗位对工作经验的要求，判断求职者的工作年限是否合适。一般来说，工作年限与岗位要求差距过大的简历，可以先进行初步筛选。如岗位要求5年工作经验，而求职者只有1年经验，就可能不符合要求

在招聘中应避免歧视，但某些岗位可能对年龄或性别有特定要求，需根据实际情况查看

图3-10 应聘者的基本信息

3. 分析工作经历

需查看如表3-16所示内容来分析应聘者工作经历。

表3-16 分析应聘者工作经历的基本信息

序号	信息类别	考察重点
1	工作内容与职责	仔细阅读求职者的工作经历，看其过往工作内容是否与招聘岗位的职责相似或相关。关注其在以往工作中承担的主要任务、项目经历以及取得的成果。例如，招聘市场营销专员，若求职者曾有过市场推广、活动策划等相关工作经历，则更符合要求
2	职业发展轨迹	分析求职者的职业发展是否呈现出合理的上升趋势，是否有频繁跳槽的情况。如果求职者在短时间内频繁更换工作，可能需要进一步了解其离职原因，判断其稳定性
3	公司背景	了解求职者曾就职公司的规模、行业地位和声誉等。在知名企业工作过的求职者，可能在专业素养和工作能力方面有一定优势，但也不能一概而论，还需结合其具体工作表现

续表

序号	信息类别	考察重点
4	关注技能与证书	查看求职者是否具备招聘岗位所需的专业技能，如编程语言运用能力、设计软件操作能力、数据分析能力等。同时，注意其拥有的相关证书，如职业资格证书、专业技能证书等，这些证书可以作为其能力的佐证。例如，招聘会计岗位，注册会计师证书会是一个重要的加分项
5	考察教育背景与培训经历	除了学历和专业，还可以关注求职者的毕业院校、所修课程以及参加过的培训项目。优质院校的教育背景可能意味着求职者具备较好的学习能力和基础知识。相关的培训经历也能体现求职者不断提升自己的意识和对特定领域的学习投入

4. 留意简历质量与细节

可通过查看图 3-11 所示应聘者的简历质量与细节来考察应聘者。

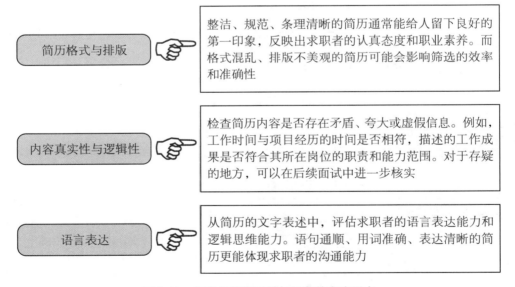

图 3-11　应聘者简历质量与细节的考察重点

（二）笔试

对于一些需要专业知识和技能的岗位，可安排笔试来测试求职者的专业知识水平、逻辑思维能力等。

以下是招聘时开展笔试的具体步骤，如图 3-12 所示。

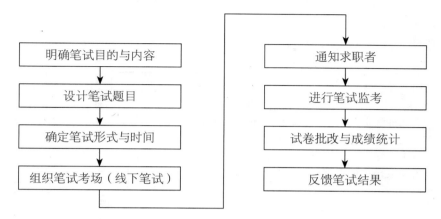

图 3-12 开展笔试的具体步骤

1. 明确笔试目的与内容

与用人部门充分沟通，根据招聘岗位的职责和要求，确定笔试的目的。例如，招聘软件工程师，笔试目的可能是考察其编程语言掌握程度、算法设计能力等；招聘文案策划岗位，重点考察文字写作能力、创意构思能力。基于目的来确定笔试涵盖的具体内容，如专业知识、逻辑推理、语言表达等。

2. 设计笔试题目

笔试题型及出题要求如表 3-17 所示。

表 3-17 笔试题型及出题要求

序号	题目类别	出题要求
1	专业知识题	围绕岗位所需专业知识出题，题目应具有针对性和实用性。例如，对于会计岗位，可设置会计分录编制、财务报表分析等题目；对于设计师岗位，要求设计特定主题的作品或进行相关设计理论知识的问答
2	综合能力题	包括逻辑推理、数据分析、问题解决等方面的题目，以评估求职者的思维能力和应变能力。例如，给出一些数据让求职者进行分析并得出结论，或者设置实际工作场景中的问题，要求求职者提出解决方案
3	语言能力题	如果岗位对语言能力有要求，如文案撰写、商务沟通等岗位，可设置语言表达、语法词汇、阅读理解等题目

小提示

题目难度应适中，既要有一定的挑战性，以筛选不同水平的求职者，又不能难度过大，导致大部分人无法作答。同时，要确保题目有较好的区分度，能够准确反映求职者的真实水平和层次。

3. 确定笔试形式与时间

笔试形式与时间如图3-13所示。

形式

可选择线上或线下笔试。线上笔试借助在线考试平台，方便快捷，能突破地域限制；线下笔试则通常在公司或指定地点进行，便于监考和管理

时间

根据题目数量和难度，合理安排笔试时间。一般来说，专业知识笔试时间可控制在 60 ～ 120 分钟，综合能力测试时间可在 30 ～ 60 分钟。要确保求职者有足够时间答题，但也要避免时间过长导致疲劳和注意力分散

图3-13　笔试形式与时间

4. 组织笔试考场（线下笔试）

组织笔试考场（线下笔试）的工作有三个方面，如图3-14所示。

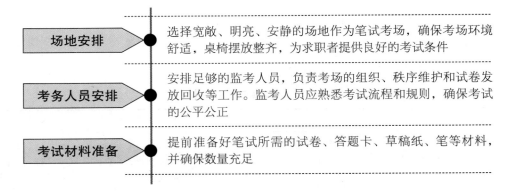

场地安排　选择宽敞、明亮、安静的场地作为笔试考场，确保考场环境舒适，桌椅摆放整齐，为求职者提供良好的考试条件

考务人员安排　安排足够的监考人员，负责考场的组织、秩序维护和试卷发放回收等工作。监考人员应熟悉考试流程和规则，确保考试的公平公正

考试材料准备　提前准备好笔试所需的试卷、答题卡、草稿纸、笔等材料，并确保数量充足

图3-14　组织笔试考场（线下笔试）的工作

5. 通知求职者

通过邮件、短信或电话等方式，提前通知求职者笔试的时间、地点、形式、所需携带的物品等信息。同时，提醒求职者准时参加考试，并告知考试的相关注意事项，如考场纪律、答题要求等。

6. 进行笔试监考

在笔试过程中，监考人员要严格履行职责，确保考场秩序良好，防止作弊等违规行为发生。对于线上笔试，要通过技术手段进行监控，如摄像头监控、防切屏设置等。

7. 试卷批改与成绩统计

笔试结束后，及时组织人员进行试卷批改。对于客观题，可采用机器阅卷或人工快速批改；对于主观题，应由专业人员进行仔细评分。批改完成后，统计每位求职者的成

绩，为后续的面试筛选提供依据。

8. 反馈笔试结果

将笔试结果及时反馈给求职者。对于通过笔试的求职者，通知其参加面试；对于未通过的求职者，也应礼貌地告知结果，体现企业的专业和对求职者的尊重。

（三）面试

面试是招聘过程中至关重要的环节，通过与求职者面对面交流，能深入了解其专业能力、综合素质、岗位匹配度等。

1. 面试的三个层次

在企业的招聘流程中，面试环节是筛选优秀人才、确保人岗匹配的关键步骤。而面试通常又细分为初试、复试及综合面试三个不同阶段，每个阶段都有着独特的目标与侧重点。

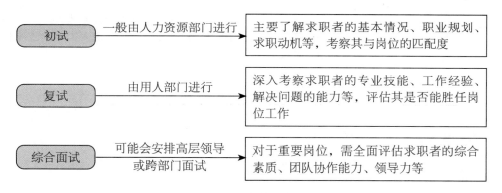

图 3-15 面试的三个层次

（1）初试。

在初试环节，人力资源部门的面试官会与求职者进行面对面的交流，全面且细致地了解求职者的基本情况。这些基本情况涵盖了求职者的教育背景，包括毕业院校、所学专业、获得的学位以及相关的专业课程学习情况，因为教育背景在一定程度上反映了求职者的知识储备和专业基础。同时，还可了解求职者的工作经历，包括过往就职的公司名称、所在部门、担任的职位以及具体的工作职责和成果，通过这些信息可以初步判断求职者是否具备与招聘岗位相关的经验。

除了基本情况，人力资源部门还会着重探讨求职者的职业规划。面试官会询问求职者对自己未来职业发展的设想，包括短期、中期和长期的目标。例如，求职者是否清晰地规划了在接下来的一到两年内要提升哪些专业技能，三到五年内希望在职位上达到怎样的高度，以及更长远的职业愿景。通过了解职业规划，能够判断求职者的职业目标是否与公司的发展方向和岗位的晋升路径相契合。

求职动机也是初试中重点考察的内容之一。面试官会询问求职者为什么对本公司的这个岗位感兴趣，是被公司的品牌影响力所吸引，还是对该岗位的工作内容特别感兴趣，抑或是看重公司提供的发展机会。此外，还会了解求职者离职的原因（如果是有工作经验的求职者），以此来判断求职者的稳定性和价值观是否与公司相符。通过对基本情况、职业规划和求职动机等方面的考察，人力资源部门能够初步评估求职者与岗位的匹配度，筛选出那些在基本条件和职业意愿上与岗位较为契合的候选人进入复试环节。

（2）复试。

复试阶段的面试目的在于深入考察求职者的专业技能、工作经验、解决问题的能力，如图3-16所示。

对于技术类岗位，如软件工程师，用人部门会详细询问求职者对各种编程语言的掌握程度，是否有过相关项目的开发经验，以及在项目中遇到的技术难题是如何解决的。对于销售类岗位，会考察求职者的销售技巧，如客户开发能力、谈判能力、市场分析能力等。通过对专业技能的深入了解，判断求职者是否具备胜任岗位工作的专业能力

用人部门应关注求职者在过往工作中所承担的项目规模、复杂程度以及取得的成果。例如，对于项目经理岗位，会询问求职者曾经负责过哪些大型项目，在项目管理过程中遇到的最大挑战是什么，以及是如何带领团队克服困难并成功完成项目的。通过对求职者工作经验的考察，能够评估其在实际工作中的能力和经验积累是否与招聘岗位的要求相匹配

用人部门应设置一些与实际工作场景相关的问题，让求职者阐述他们的解决思路和方法。例如，对于客服岗位，可能会询问如果遇到客户的无理投诉，会如何处理；对于运营岗位，可能会问如果遇到突发的业务问题，如何快速制定解决方案。通过这些问题，考察求职者的逻辑思维能力、应变能力和解决实际问题的能力，从而判断其是否能够胜任岗位工作

图3-16　复试阶段的面试要点

（3）综合面试。

综合面试环节，可能会安排公司的高层领导或者跨部门的负责人参与面试。高层领导参与面试，能够从公司战略层面和整体发展的角度，全面评估求职者的综合素质。他们会关注求职者的领导能力，即使招聘的岗位并非管理岗位，但具备一定的领导潜质在未来的工作中可能会发挥更大的作用。例如，询问求职者在团队中是否有过带领小组完

成任务的经历，以及在这个过程中是如何激励团队成员、协调资源和解决团队内部矛盾的。

　　跨部门面试则侧重于考察求职者的团队协作能力。在现代企业中，很多工作都需要不同部门之间的密切配合，因此求职者能否与其他部门的人员有效沟通、协作，共同完成工作目标至关重要。跨部门面试官会询问求职者在以往的工作中与其他部门合作的经历，遇到过哪些沟通障碍，是如何解决的。通过这些问题，评估求职者的团队协作意识、沟通能力和人际交往能力。综合面试通过全面评估求职者的综合素质、团队协作能力和领导力等方面，为公司选拔出最适合重要岗位的人才，确保人才能够为公司的战略发展和业务推进提供更大的价值。

　　2. 面试的操作流程

　　（1）面试前准备。

　　面试前准备如表3-18所示。

表3-18　面试前的准备工作

序号	准备事项	工作要求
1	熟悉岗位要求	面试官需透彻了解招聘岗位的职责、技能要求、任职资格以及期望的候选人特质，以便在面试中准确评估求职者
2	研究求职者简历	仔细阅读求职者简历，标记出疑问点、亮点以及与岗位相关的重要信息，准备针对性问题。例如，若求职者简历中显示有一段工作经历存在空白期，可在面试中询问原因
3	确定面试流程与形式	根据岗位需求和招聘规模，确定面试的轮次、形式（如结构化面试、非结构化面试、小组面试等）以及每个环节的时间分配。例如，对于重要岗位，可采用多轮面试，包括初试、复试和终试，初试采用结构化面试，复试采用小组面试
4	准备面试问题	设计涵盖专业知识、工作经验、职业规划、团队协作、问题解决等方面的问题。例如，"请举例说明你在之前工作中遇到的一个技术难题，以及你是如何解决的？""当你与团队成员意见不一致时，你会如何处理？"
5	安排面试场地与时间	选择安静、舒适、私密的面试场地，提前与求职者和面试官沟通协调，确定合适的面试时间，并做好相关安排

　　（2）面试实施。

　　面试实施的要点如图3-17所示。

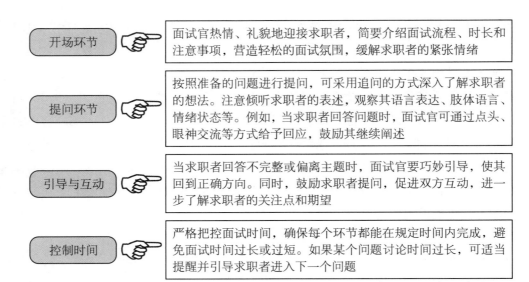

图 3-17　面试实施的要点

（3）面试评估。

面试评估步骤与要求如图 3-18 所示。

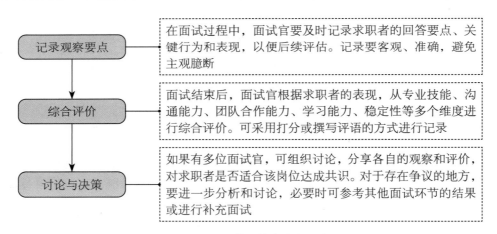

图 3-18　面试评估步骤与要求

（4）面试后续工作。

面试后续工作有两项，如图 3-19 所示。

及时反馈	总结经验
尽快将面试结果反馈给求职者，无论是否录用，都要以礼貌、专业的方式通知。对于录用的求职者，告知其录用意向、入职时间、薪资待遇等信息；对于未录用的求职者，也要表达感谢，并简单说明原因	面试官对本次面试进行总结，分析面试过程中存在的问题和不足之处，以便在后续面试中改进，提高面试的质量和效果

图 3-19　面试后续工作

（四）背景调查

在员工招聘中，背景调查是确保招聘质量、降低用人风险的重要环节。通过全面、准确的背景调查，企业可以深入了解求职者的真实情况，判断其是否符合岗位要求和企业价值观。

1. 明确调查内容

背景调查的内容如表3-19所示。

表3-19　背景调查的内容

序号	调查项目	具体调查内容
1	基本信息核实	主要包括求职者的姓名、年龄、性别、学历、学位、专业等。确保这些信息真实无误，如通过学信网验证学历的真实性，查看毕业证书编号是否与数据库记录一致
2	工作经历调查	了解求职者过往的工作单位、工作时间、职位、工作职责、工作业绩及离职原因等。重点核实其工作经历是否连续，有无夸大或虚构工作内容和业绩的情况
3	职业资格与技能验证	对于一些对专业技能和职业资格要求较高的岗位，需验证求职者所持有的相关证书的真实性和有效性，如注册会计师证、律师执业证等
4	信用记录与违法犯罪记录查询	查询求职者的个人信用记录，了解其信用状况，是否存在逾期还款、欠款不还等不良信用行为。同时，通过合法渠道查询求职者是否有违法犯罪记录，以确保企业运营的安全性
5	人际关系与口碑调查	了解求职者在以往工作单位或社交圈子中的人际关系和口碑，评估其团队协作能力、沟通能力以及职业素养等方面的情况

2. 确定调查方式

人力资源部可以采用图3-20所示背景调查方式。

电话调查　这是最常用的方式之一。向求职者以往的工作单位领导、同事或人力资源部门打电话，询问相关信息。在打电话时，要注意沟通技巧，礼貌询问，并对关键问题进行详细记录

邮件调查　对于一些需要获取书面证明或详细信息的情况，可以采用邮件调查的方式。向证明人发送邮件，明确需要核实的内容，并要求其在规定时间内回复

图3-20

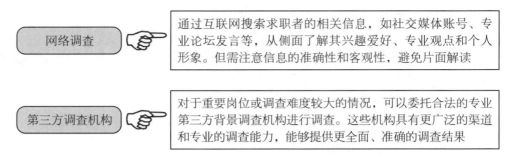

图 3-20　背景调查的方式

3. 征得求职者同意

在进行背景调查之前，必须事先征得求职者的书面同意。这不仅是对求职者隐私权的尊重，也是合法合规开展调查的必要前提。可以在招聘流程中设置专门的背景调查授权书（如表 3-20、表 3-21 所示），让求职者签字确认。

表 3-20　背景调查授权书

背景调查授权书							
本人承诺提供给××公司所需的所有资料和信息均属实，并自愿接受因入职所需对我进行的背景调查。本人自愿提供以下信息，并接受其或其委托的第三方的调查。 适合对本人开展背景调查的时间是： 背景调查信息提供：							
工作单位（由近至远）	任职时间（年/月~年/月）	部门名称	级别	职位名称	证明人（全称）	公司电话（含区号）	手机
			上级				
			平级				
			下属				
		人力资源部					
			上级				
			平级				
			下属				
		人力资源部					
备注： 1. 请提供近期两段工作经历的相关资料，如仅服务一家企业，其他项可空缺； 2. 如应聘人力资源相关岗位，上级、平级、下属等信息填写服务部门处，原"人力资源部"处空缺；							

> 3. 如无人力资源部，需填写负责人力资源、行政相关工作人员的相关资料；
>
> 4. 授权人签名、授权日期均为本人亲笔黑色正楷签字，填写完整后回传扫描件；如授权人填写完整后通过邮件/微信等渠道回复该文件，亦表示授权人同意授权。
>
> 授权人签名：　　　　　　　　　　　　授权日期：

表 3-21　背景调查授权确认书

> **背景调查授权确认书**
>
> 先生/女士：
>
> 　　您好！非常高兴地通知您，您于____年__月__日面试我司_____（部门）_____（岗位），面试过程中表现突出。我司经过多方综合评估，认为您与我司的岗位非常匹配。按照我司的入职规定，公司将对拟入职人员开展入职前的背景调查，涉及调查主要内容如下：
>
> 　　1. 户籍、学历、资格证书、资质证件的真实性；
>
> 　　2. 是否存在违法违纪等犯罪事项；
>
> 　　3. 曾就职单位/职务、工作职责、工作年限、工作业绩、综合评价等情况。
>
> 　　我司将于____年__月__日前开展背景调查工作，收到本通知书请在2天内给予回复，如无回复则默认您已知悉理解本通知书并无疑问无异议。
>
> 　　感谢您对我司工作的配合！期待与您达成进一步的合作！
>
> ××公司人力资源部
____年__月__日
>
> --
>
> **关于入职前背景调查的确认通知书（回复联）**
>
> 　　本人_____（身份证号码：_____）已收到××公司关于入职前背景调查的确认通知书，本人知悉并理解通知书内容，对此：
>
> □无疑问/无异议，会积极配合工作。
>
> □有疑问/有异议，_____。
>
> 人员签名/盖章：　　　　　　　　　　　　日期：____年__月__日

4. 选择调查时机

　　一般在求职者通过面试，企业有录用意向但尚未正式发放录用通知时进行背景调查较为合适。过早调查可能会浪费时间和资源，过晚调查则可能导致企业在发现问题后陷入被动。

5. 分析调查结果

　　对调查获取的信息进行仔细分析和评估，判断求职者是否存在与岗位要求不符或可能对企业造成风险的情况，并且形成调查报告（如表3-22所示）。如果发现调查结果与求职者提供的信息存在较大差异，要进一步核实原因，并根据实际情况决定是否录用。

表 3-22　背景调查报告

此报告分为被调查者基本信息及验证、学历专业等资质证书验证、工作履历验证、胜任力素质测评、性格测试五项内容。

一、被调查者基本信息及验证

被调查者姓名		应聘岗位	
身份证号码		性别	
身份证／护照信息查验			

二、学历专业等资质证书验证

被调查提供信息	真实性	说明
毕业学校		
所学专业		
就读时间		
其他资质证书信息		
验证渠道	验证时间	

三、工作履历验证（如有多段工作履历请自行添加表格，工作履历从最近的开始填写）

被调查者提供信息	真实性	说明
雇用公司名称		
雇用时间		
岗位名称		
工作职责		
离职原因		
是否与贵公司有劳动争议或违纪行为		
薪资福利情况		
受访人对被调查者综合评价（为人处世、是否清正廉洁、工作表现、与岗位匹配度等）：		
证明人（如有多个证明人请添加）	联系方式	
验证渠道	验证时间	

四、胜任力素质测评

测评名称		测评工具（链接）	
测评时间			
测评综合报告提要（后附详细报告）：			

续表

五、性格测试			
测评名称		测评工具（链接）	
测评时间			
测评综合报告提要（后附详细报告）：			

调查者（签名）：
报告日期：

6. 妥善保管调查资料

将背景调查的相关资料进行妥善保管，建立专门的档案。这些资料不仅可以作为企业招聘决策的依据，也可以在未来需要时进行查阅，但要注意保护求职者的个人隐私，避免信息泄露。在进行背景调查时，企业要遵循合法、公正、客观的原则，确保调查过程和结果的准确性和可靠性，为企业选拔出真正合适的人才。

三、合理录用决策，确保人岗完美匹配

录用决策是指招聘团队和用人部门根据求职者的笔试、面试表现以及背景调查结果，共同讨论确定录用人选，报企业领导审批。

做出录用决策是招聘过程中的关键一步，需要综合考虑多方面因素，以确保选到最适合岗位和企业的人才。图3-21是做出录用决策的具体步骤。

图3-21　录用决策的具体步骤

1. 回顾招聘标准

在面试和评估候选人之后，首先要回顾最初设定的招聘标准，包括岗位所需的技能、经验、知识、能力及其他特定要求。这些标准是做出录用决策的基础，确保候选人符合基本的岗位要求。

2. 综合评估候选人表现

可根据表3-23内容综合评估候选人表现。

表3-23　综合评估的内容

序号	评估项目	评估要求
1	面试表现	考虑候选人在面试中的整体表现，包括专业知识的掌握程度、沟通能力、逻辑思维能力、应变能力等。例如，在面试中，候选人对专业问题的回答是否准确、清晰，能否在压力下保持冷静并给出合理的解决方案
2	笔试成绩	如果进行了笔试，笔试成绩是评估的重要依据之一。尤其对于一些对专业知识要求较高的岗位，笔试成绩能反映候选人的知识储备和应用能力
3	背景调查结果	根据背景调查了解到的候选人的工作经历、教育背景、职业资格、信用记录等信息，判断其是否真实可靠，是否存在与岗位要求不符或可能对企业造成风险的情况
4	性格与文化适应性	评估候选人的性格特点是否与团队和企业文化相匹配。例如，企业强调团队合作和创新精神，那么候选人是否具有良好的团队协作意识和创新思维也是需要考虑的因素

企业可设计面试评价表（如表3-24所示）来对候选人进行综合评估。

表3-24　应聘人员面试评价表

编号：

姓名		性别		年龄		应聘岗位	
学历		专业		面试时间			

初试：　　　时间：　　年　月　日

评价要素	分值	评分标准（分）					面试记录
		5	4	3	2	1	
仪表、举止、态度		极佳	佳	一般	略差	极差	
沟通协调能力		极佳	佳	一般	略差	极差	
专业知识、特长		极佳	佳	一般	略差	极差	
实际工作经验		极佳	佳	一般	略差	极差	
来公司服务意向		极坚定	坚定	一般	犹豫	极低	
小计							
面试结果：□建议试用（20分以上） 　　　　　□建议复试（12～20分） 　　　　　□不符合录用要求（12分以下）							
面试人：　　　　　　　　　　　　　　部门：							

复试：　　　　时间：　　年　月　日

评价要素	分值	评分标准（分）					面试记录
		5	4	3	2	1	
仪表、举止、态度		极佳	佳	一般	略差	极差	
沟通协调能力		极佳	佳	一般	略差	极差	
专业知识、特长		极佳	佳	一般	略差	极差	
实际工作经验		极佳	佳	一般	略差	极差	
来公司服务意向		极坚定	坚定	一般	犹豫	极低	
小计							
面试结果：□建议试用（20分以上） 　　　　　□建议复试（12～20分） 　　　　　□不符合录用要求（12分以下）							
面试人：　　　　　　　　　　　　　　　部门：							

综合面试意见如下：

部门主管领导意见	
分管领导意见	
行政副总意见	
总经理意见	
董事长意见	

3. 对比候选人

将所有候选人的各项评估结果进行对比分析。可以制作一个评估表格，列出每个候选人在不同方面的表现和得分，以便更直观地进行比较（如表3-25所示）。通过对比，找出在各方面表现较为突出，且综合得分较高的候选人。但要注意，不能仅仅依据分数来决定，还需考虑每个岗位的重点需求。例如，对于销售岗位，沟通能力和客户拓展能力可能更为重要；对于技术研发岗位，专业技能和创新能力则是关键。

表3-25　应聘人员甄选比较表

甄选单位	销售代表		应聘人数		30	初选合格		15	面试日期	
甄选结果	姓名	学历	年龄	工作经验	专业知识	态度仪表	性格特征	反应能力	沟通能力	其他
	×××	研究生	35	6 年	优	优	中和型	快	极佳	
	×××	本科	28	3 年	良	良好	开放型	较快	佳	
	×××	大专	32	5 年	及格	一般	自我型	慢	一般	
	……									

4. 参考面试官意见

组织参与面试的所有面试官进行讨论，分享各面试官对候选人的观察和评价。不同面试官可能从不同角度对候选人有不同的看法，通过交流和讨论，可以更全面地了解候选人的优缺点。在讨论过程中，要尊重每位面试官的意见，对存在争议的地方进行深入分析，以达成共识。

5. 考虑企业长期发展

除了满足当前岗位的需求，还需考虑候选人对企业长期发展的价值。例如，候选人是否具有学习能力和发展潜力，能够随着企业的发展而不断成长和进步；是否具备适应企业未来业务变化的能力等。对于一些战略性岗位，更要注重候选人的长期发展潜力和对企业战略的支持作用。

6. 进行录用审批

在综合考虑以上因素后，将录用建议提交给相关领导进行审批。审批过程中，可能需要提供详细的候选人评估报告和录用理由，以便领导做出决策。领导会根据企业的整体情况、预算等因素，最终决定是否录用该候选人。

四、及时发放通知，彰显企业诚意

一旦做出录用决策，要及时通知候选人。对于被录用的候选人，发出正式的录用通知，明确告知录用的岗位、薪资待遇、入职时间、入职需准备的材料等信息。对于未被录用的候选人，也要以礼貌、专业的方式通知他们，并对他们参与招聘过程表示感谢。

发放录用通知是企业招聘流程中的重要环节，规范、及时且友好地发放录用通知，不仅能让新员工感受到企业的专业和诚意，也有助于顺利推进入职流程。如图3-22所示是发放录用通知的步骤。

图 3-22 发放录用通知的步骤

（一）确定录用通知内容

录用通知的内容如表3-26所示。

表3-26　录用通知的内容

序号	内容项目	具体内容要求
1	基本信息	明确告知录用人员的姓名、录用岗位名称，确保信息准确无误
2	薪资福利	详细说明薪资构成，包括基本工资、绩效工资、奖金、补贴等，以及发放方式和时间。同时，介绍公司提供的福利项目，如五险一金的缴纳比例、带薪年假天数、节日福利、健康体检等
3	入职信息	告知入职时间、地点，具体到日期和时间段，并提供详细的公司地址和交通指引。同时，列出入职时需要携带的材料，如身份证、学历证书、学位证书、职业资格证书原件及复印件、离职证明（如有）、照片等
4	其他信息	说明报到的流程和注意事项，如到哪个部门报到、联系人及联系方式等。还可以简要介绍公司的企业文化、规章制度等，让新员工有个初步了解

（二）选择通知方式

企业可采用图3-23所示方式通知应聘者。

邮件通知

这是最常用的方式之一。通过公司的官方邮箱发送录用通知，邮件内容要正式、规范，主题明确，如“（公司名称）录用通知”。在邮件中附上录用通知的详细内容，可采用附件形式提供录用通知书的PDF文件，方便新员工保存和打印。同时，在邮件正文中简要说明关键信息，提醒新员工查收附件

电话通知

在发送邮件之前或之后，可以通过电话与录用人员取得联系，亲自告知其被录用的消息。电话通知能让新员工感受到公司的热情和重视，同时可以及时解答新员工的疑问。打电话时要注意礼貌用语，清晰传达录用信息，并记录新员工的反馈

短信/微信通知

可以作为辅助通知方式，简要告知新员工已发送录用通知邮件或电话联系过他/她，并提醒查看相关信息。短信/微信内容要简洁明了，如“您好，您已被（公司名称）录用，录用通知邮件已发送至您的邮箱，请查收。如有疑问，请联系（联系人姓名），电话（联系电话）。”

图3-23　通知方式

（三）及时发出通知

一旦确定录用人员，应尽快发出录用通知，避免因延迟通知导致候选人接受其他公司的录用。通常在面试结束后的3～5个工作日内发出通知较为合适，具体时间可根据公司的招聘流程和实际情况确定。

（四）跟进确认

发出录用通知后，要及时跟进确认新员工是否收到通知。可以在发出通知后的 1 ～ 2 个工作日内，通过电话或邮件询问新员工的意见和意向，了解其是否有疑问或需要进一步沟通的事项。如果新员工对录用通知中的内容有异议，要及时与相关部门沟通协调，寻求解决方案。

（五）建立沟通渠道

在与新员工沟通的过程中，建立有效的沟通渠道，如添加新员工的微信或 QQ，方便后续的信息传递和沟通。同时，告知新员工在入职前如有任何问题或需要帮助，可以随时联系相关人员。

（六）保留记录

对发放录用通知的过程进行记录，包括通知的时间、方式、新员工的回复等信息。这些记录可以作为招聘流程的重要文件，也有助于在需要时进行查阅和跟进。

五、规范入职手续，让新员工快速融入

办理入职手续是新员工正式加入公司的重要环节，规范、有序地办理入职手续，能让新员工快速融入公司，同时也有助于公司完善员工信息管理。如图 3-24 所示是办理入职手续的详细步骤和要点。

图 3-24　入职手续办理步骤

（一）入职前准备

入职前准备的工作事项如表 3-27 所示。

表 3-27　入职前准备的工作事项

序号	准备事项	工作要求
1	确认入职信息	在新员工入职前，再次与新员工确认入职时间、地点、所需携带的材料等信息，确保新员工知晓并做好准备。同时，提前与相关部门沟通，安排好新员工入职当天的接待、引导等工作

续表

序号	准备事项	工作要求
2	准备入职材料	为新员工准备好入职所需的各种文件和表格，如入职登记表、劳动合同、保密协议、竞业限制协议（如有需要）、员工手册签收单等。确保这些文件内容清晰、规范，符合法律法规要求
3	设置工作账号和权限	根据新员工的岗位需求，提前为其设置好公司内部的工作账号，如邮箱账号、办公系统账号等，并分配相应的权限，以便新员工能够及时开展工作。同时，准备好新员工所需的办公用品，如电脑、电话、文具等

（二）资料收集与审核

1. 收取材料

新员工入职当天，按照要求收取其携带的各类材料，包括身份证、学历证书、学位证书、职业资格证书、离职证明（如有）、照片等。确保材料的真实性和完整性，对于重要材料进行复印留存。

2. 审核材料

对新员工提交的材料进行仔细审核，验证学历证书、职业资格证书的真伪，核实离职证明的真实性和有效性。如发现材料存在问题，及时与新员工沟通，要求其补充或说明情况。

（三）签订相关文件

员工办理入职手续时应签订图3-25所示文件。

入职登记	签订合同协议	签收员工手册
指导新员工填写入职登记表，详细记录其个人基本信息、教育背景、工作经历、家庭成员等信息。确保填写内容准确无误，并由新员工签字确认	与新员工签订劳动合同，明确双方的权利和义务，包括工作内容、工作时间、劳动报酬、社会保险、福利待遇等条款。同时，根据公司需要，签订保密协议、竞业限制协议等相关文件，向新员工解释协议的内容和重要性，并要求其签字确认	向新员工发放员工手册，介绍公司的规章制度、企业文化、行为规范等内容。要求新员工仔细阅读，并在员工手册签收单上签字，确认新员工已了解并同意遵守公司的各项规定

图3-25　员工办理入职手续时应签订的文件

（四）办理相关手续

接下来要为新入职员工办理图 3-26 所示相关手续。

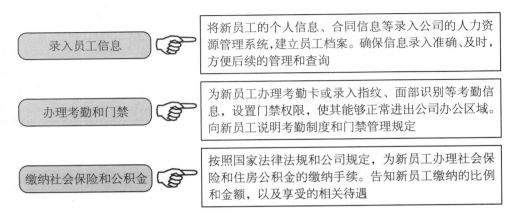

录入员工信息 —— 将新员工的个人信息、合同信息等录入公司的人力资源管理系统，建立员工档案。确保信息录入准确、及时，方便后续的管理和查询

办理考勤和门禁 —— 为新员工办理考勤卡或录入指纹、面部识别等考勤信息，设置门禁权限，使其能够正常进出公司办公区域。向新员工说明考勤制度和门禁管理规定

缴纳社会保险和公积金 —— 按照国家法律法规和公司规定，为新员工办理社会保险和住房公积金的缴纳手续。告知新员工缴纳的比例和金额，以及享受的相关待遇

图 3-26　新入职员工的相关手续

（五）入职引导与培训

入职引导与培训是指组织新员工参加入职培训，内容包括公司概况、企业文化、规章制度、业务流程、安全知识等，帮助新员工尽快适应企业环境和工作要求。具体工作内容如图 3-27 所示。

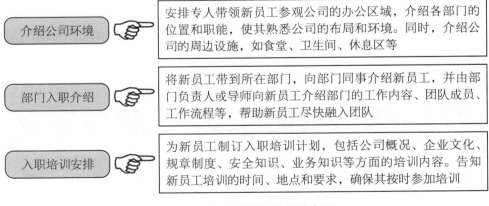

介绍公司环境 —— 安排专人带领新员工参观公司的办公区域，介绍各部门的位置和职能，使其熟悉公司的布局和环境。同时，介绍公司的周边设施，如食堂、卫生间、休息区等

部门入职介绍 —— 将新员工带到所在部门，向部门同事介绍新员工，并由部门负责人或导师向新员工介绍部门的工作内容、团队成员、工作流程等，帮助新员工尽快融入团队

入职培训安排 —— 为新员工制订入职培训计划，包括公司概况、企业文化、规章制度、安全知识、业务知识等方面的培训内容。告知新员工培训的时间、地点和要求，确保其按时参加培训

图 3-27　入职引导与培训的事项

（六）后续跟进

后续跟进包括图 3-28 所列两项工作。

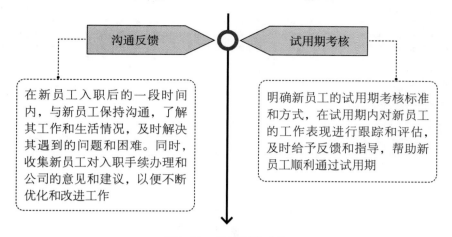

图 3-28 后续跟进工作

通过以上步骤，可以确保入职手续办理的顺利进行，为新员工的职业生涯建立良好的开端，也为公司的人力资源管理奠定坚实的基础。

第4章

解锁培训与开发：提升员工能力

　　在竞争白热化的市场环境下，企业若想脱颖而出、赢得优势，拥有一支高素质的人才队伍是至关重要的。而员工培训与开发，恰恰是提升员工素质过程中不可或缺的关键步骤。通过系统、有效的培训，员工能够不断学习新知识、掌握新技能，进而提升自身的综合素养和工作能力，为企业的持续发展注入源源不断的动力。

第一节　搭建培训体系，为员工成长保驾护航

　　培训是企业给员工提供的一种福利，可以让员工在知识、技能、态度、行为等多个方面取得不断进步，这对员工将来的发展和实现自身价值是极为有利的。培训是有计划的、连续的系统行为或过程，因此要使培训工作有效果并持续，企业必须对培训体系进行规划。

一、优化组织建设，保障培训有序开展

（一）培训部职能

　　培训部在企业主管副总（培训总监或人力资源总监）的领导下履行核心职能。它聚焦于企业发展对人才的需求，致力于丰富员工的专业知识，提升员工的业务技能，改善员工的工作态度，从而使员工的整体素质与企业要求实现更高程度的契合。具体而言，培训部的职能涵盖图4-1所示八个关键方面。

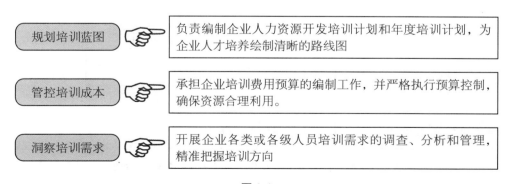

规划培训蓝图	负责编制企业人力资源开发培训计划和年度培训计划，为企业人才培养绘制清晰的路线图
管控培训成本	承担企业培训费用预算的编制工作，并严格执行预算控制，确保资源合理利用。
洞察培训需求	开展企业各类或各级人员培训需求的调查、分析和管理，精准把握培训方向

图4-1

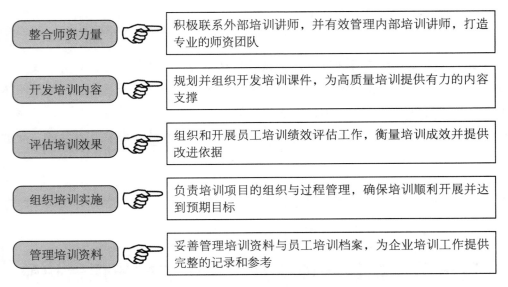

图 4-1　培训部的职能

（二）培训部组织结构

培训部组织结构主要受其职能事项、企业所在行业的特性、企业规模、人力资源的开发需求等因素的影响。组织结构设计人员应在市场调查的基础上，结合企业的实际需要，设计出与企业实际情况相符的培训部组织结构。

1. 按培训事务的专业分工设计的培训部组织结构

按培训事务的专业分工设计的培训部组织结构如图4-2所示。

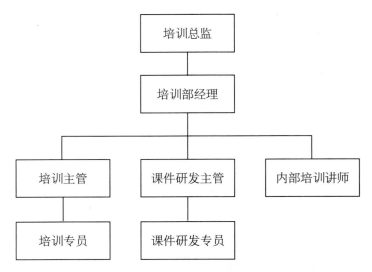

图 4-2　按培训事务的专业分工设计的培训部组织结构

2. 按职能事项及培训对象设计的培训部组织结构

按职能事项及培训对象设计的培训部组织结构如图4-3所示。

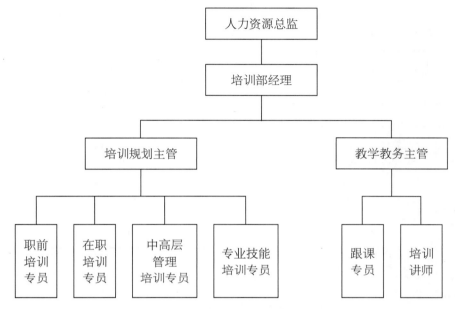

图4-3 按职能事项及培训对象设计的培训部组织结构

3. 按培训项目设计的培训部组织结构

按培训项目设计的培训部组织结构如图4-4所示。

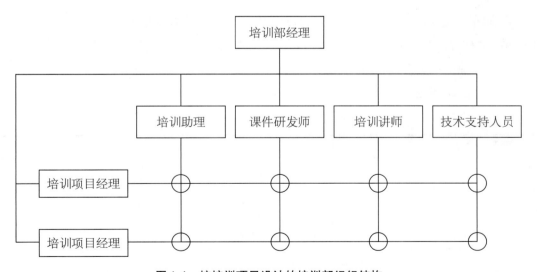

图4-4 按培训项目设计的培训部组织结构

4. 以企业大学模式设计的培训中心组织结构

以企业大学模式设计的培训中心组织结构如图4-5所示。

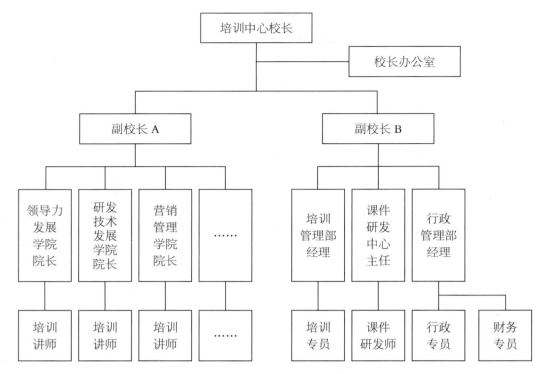

图4-5 以企业大学模式设计的培训中心组织结构

（三）组织中不同人员在培训工作中的职责

　　培训活动的顺利开展，不仅与人力资源开发专业人员紧密相关，更离不开组织内其他成员的协同配合。在组织当中，参与培训工作的人员主要有四类，分别是最高领导层、人力资源部门、各部门领导以及普通员工。这四类角色在培训与开发活动中，所发挥的作用存在显著差别，具体如表4-1所示。

表4-1 不同人员在培训工作中的职责

序号	角色	培训职责
1	最高领导层	（1）提供培训与开发的总体政策和程序，以确保培训工作的有效进行 （2）提供行政上的监控 （3）提供权利上的保障，以确保培训管理的权威性 （4）提倡和建立适合培训的企业文化 （5）对培训与开发的理解和支持等
2	人力资源部	（1）中长期培训开发规划与年度培训计划的编制和管理 （2）以专业知识和经验，支持各个部门进行人员的培训开发工作，包括提供培训资源方面的保证；培训管理，如培训方案评估、培训过程监控、培训效果评估、培训档案管理等；培训制度、程序的制定与监控；培训成本与费用管理

续表

序号	角色	培训职责
3	各部门领导	（1）确保培训与开发工作的顺利进行 （2）鼓励员工自我开发 （3）安排时间和机会让员工去实践 （4）实施现场培训 （5）对所属人员进行培训与开发需求评估，并制订所属人员的培训和职业开发计划 （6）对培训政策和策略，以及对培训需求、程序和资源方面的支持等
4	员工	员工应按相关规定及时参加培训

另外，人力资源开发专业人员的角色与能力要求如表4-2所示。

表4-2　人力资源开发专业人员的角色与能力要求

角色	能力要求
分析/评估角色：研究者、需求分析专家、评估者	了解行业知识，具有应用计算机、数据分析及研究能力
开发角色：项目设计者、培训教材开发者、评价者	了解成人教育的特点，具有信息反馈、协作、应用电子系统和设定目标的能力
战略角色：管理者、市场营销人员、变革顾问、职业咨询师	精通职业生涯设计与发展理论、培训与开发理论，具有一定的经营理念、管理能力、计算机应用能力
指导教师/辅助者角色	了解成人教育原则，具有一定的讲授、指导、反馈、应用电子设备和组织团队的能力
行政管理者角色	具有应用计算机、选择和确定所需设备、项目管理和档案管理的能力

二、打造师资队伍，提供专业培训指导

培训师资队伍是企业提升培训管理活动效率与效益的关键成功要素，优秀的培训师更是企业培训工作取得良好成效的重要保障。

（一）讲师工作职责

讲师在企业培训工作中扮演着至关重要的角色，需履行图4-6所示职责。

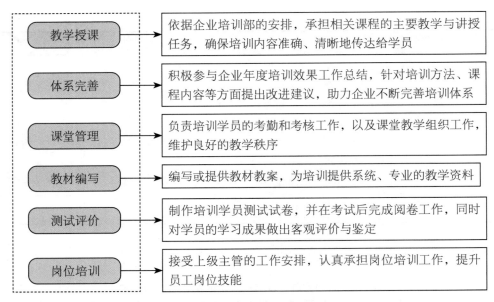

图 4-6 讲师工作职责

（二）内部讲师选聘与管理

1. 内部培训讲师的选聘步骤

内部培训讲师的选聘步骤如图 4-7 所示。

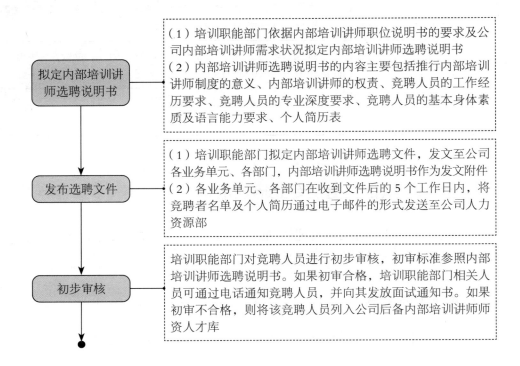

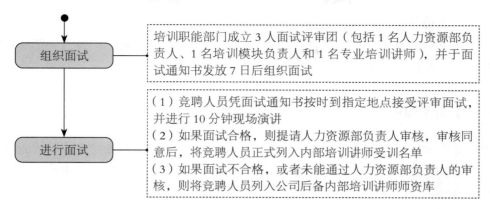

图 4-7　内部培训讲师的选聘步骤

2．内部讲师的考核

为确保内部讲师队伍的授课质量和专业水平，充分发挥其在企业培训中的积极作用，企业应制定内部讲师考核办法，涵盖培训项目考核、年终考核等方面。

（1）培训项目考核。

在每个培训项目结束后，由培训学员和培训部门共同对该项目进行全面评估。评估内容主要聚焦于培训项目的整体效果、教材设计的合理性、讲师的授课风格以及学员实际获得的收益等方面。

（2）年终考核。

培训部每年年终对所有内部讲师进行综合考核。对于考核结果未达合格标准，或者受到学员两次及以上重大投诉的讲师，公司将取消其讲师资格。

（3）储备讲师考核。

培训部会定期对储备讲师的授课效果进行抽查。若储备讲师在连续两次抽查中得分均低于××分，将暂停其授课安排。之后，若因个人发展需求或组织培训需要，该讲师可重新提交申请，经评估合格后，可恢复授课资格。

（4）正式讲师考核。

对于正式讲师，培训部同样会进行授课效果抽查。若正式讲师连续两次抽查得分低于本级标准得分下限，将对其进行降一级处理。待其经过再次考核，得分高于本级标准得分上限时，方可恢复原级别。

（5）优秀讲师评选。

公司每年应依据讲师的综合考核结果，从讲师队伍中评选出一定数量的优秀讲师。对于评选出的优秀讲师，公司将给予物质奖励，如奖金、奖品等，同时也会给予精神奖励，如荣誉证书、公开表彰等，以激励讲师不断提升自身的教学水平和专业素养。

3．内部讲师的培训

为提高内部讲师的培训技能，企业每年会将内部讲师培训纳入年度培训计划。培训内容主要涵盖教材编写、授课技巧、课程开发、企业培训与员工发展、企业内训师培训等方面。内部讲师参加培训的考试成绩将纳入当期月度绩效合同的关键行为指标，以激励讲师不断提升自身能力。

（三）外聘讲师

为广泛吸收国内外先进技术和管理知识、经验，加强与国内外企业、科研院所、专业培训机构的交流与合作，企业可根据不同需求，从国内外聘请优秀的讲师、专家来企业授课。外聘讲师的途径及评估要求如图4-8所示。

试讲评估	简历审查	问题交流	大纲制定
采用"先试后买"的方式，要求外聘讲师在企业内部进行试讲，或派人到外面听其授课，直观了解其授课风格和效果	要求外聘讲师提供个人简历，通过简历判定其专业实力以及与企业培训需求的契合度	向外聘讲师提出相关问题，深入了解其授课内容、方式以及预期效果，确保其满足企业培训要求	要求外聘讲师制定培训大纲，将培训内容与企业实际培训需求有机结合，提高培训的针对性和实用性

图4-8　外聘讲师的途径及评估要求

三、整合课程资源，满足员工多元需求

（一）从胜任素质模型到培训课程

胜任素质模型的建立并不能直接形成培训课程，必须通过课程设计才能在胜任素质模型的基础上开发出培训课程，如图4-9所示。

图4-9　基于胜任素质模型的课程体系

（二）培训课程体系蓝图草案

培训课程体系蓝图是三维结构，具体如表4-3所示。

表4-3　培训课程体系蓝图

岗位	程度	基础知识类	专业知识类	管理技能类	领导力发展类	职业发展类	通用技能类
管理类岗位	初阶		√	√	√	√	√
	中阶			√	√	√	√
	高阶			√	√	√	√
专业技术类岗位	初阶	√	√				√
	中阶	√	√			√	√
	高阶		√	√	√	√	√
熟练技能类岗位	初阶	√	√				√
	中阶	√	√				√
	高阶	√	√	√	√	√	√

由表4-3形成的课程体系结构如图4-10所示。

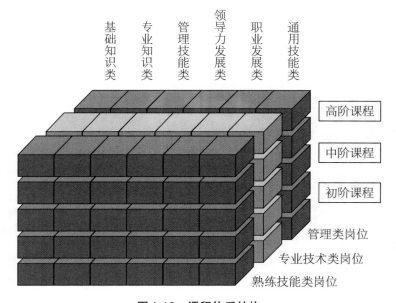

图4-10　课程体系结构

企业可以按照岗位体系形成课程蓝图和清单。对于具体的岗位或岗位层级而言，可以按照三个类别的素质/能力课程设计必修课和选修课。图4-11是某岗位的课程分类示例。

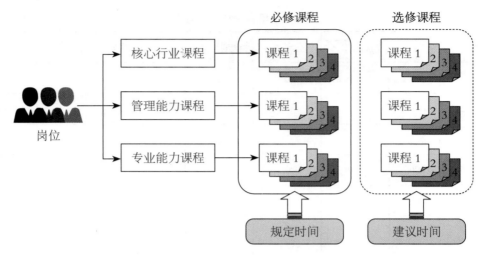

图 4-11　某岗位的课程分类示例

对于不同的管理层级，也可以形成课程的层级。表 4-4 是借鉴某国际化企业管理类课程形成的课程层级、目标人群、课程目标、内容概要一览表。

表 4-4　课程层级、目标人群、课程目标、内容概要一览表

课程层级	目标人群	课程目标	内容概要
L1 高管课程	关键岗位的高管人员和高管后备人才	人员和战略	（1）人力资源与经营战略的结合 （2）对全球新经济的理解 （3）电子商务 （4）新型组织中的领导力
L2 领导力开发	总经理（影响全球公司业务，对公司业务结果负责）	领导力和创新；将企业家精神发展延伸到高级领导力	（1）全球化 （2）电子商务和新经济 （3）领导力和反馈技巧 （4）企业文化和文化管理 （5）组织战略和变革管理 （6）本地化管理和文化差异
L3 管理进阶	在单一职能部门有多年经验，并准备接受跨部门管理责任的管理人员	发展企业家能力	（1）有效企业家管理技能 （2）企业家/领导力行为 （3）创新和变革 （4）经营战略 （5）先进财务和股东价值理论 （6）客户和市场分析 （7）经济和电子商务的挑战
L4 管理发展	准备在 12 个月内提升的可以承担较多管理职责的管理人员	开发管理才能	（1）管理团队和团队角色 （2）财务知识 （3）部门业务沟通与掌控 （4）领导能力要求下的深入沟通能力

续表

课程层级	目标人群	课程目标	内容概要
L4 管理发展	准备在12个月内提升的可以承担较多管理职责的管理人员	开发管理才能	（5）通过平衡计分卡实施战略 （6）人力资源系统 （7）有效组织相关部门的协作 （8）改善经营和项目管理
L5 管理基础	公司内任职少于3年，具备一定潜力，在2～5年有望提升至管理岗位的员工	自我管理能力开发和团队建设	（1）了解公司的愿景/使命、中心价值和目标 （2）项目管理技巧和自我管理 （3）团队工作和人际关系技巧 （4）领导才能和人员激励 （5）通过网络技术的自我开发 （6）潜能开发和职业发展 （7）改善经营和项目组管理

四、建立评估机制，检验培训实际效果

建立培训效果评估体系具有正确判断培训效果，检查评估项目的优缺点，比较项目的成本与利润，发现新的培训需求，完成自我检查，为管理层决策提供参考等作用。

（一）培训评估的层次

对于培训评估层次的研究，国内外应用最为广泛的是最早由美国学者柯克帕特里克（Kirkpatrick）提出的培训效果四级评估模型，该评估模型将培训的效果分为图4-12所示的四个层次。

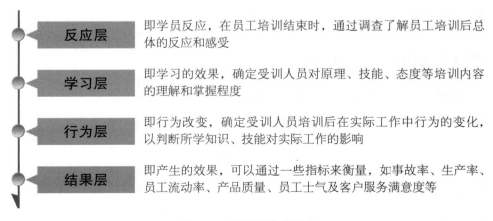

反应层 即学员反应，在员工培训结束时，通过调查了解员工培训后总体的反应和感受

学习层 即学习的效果，确定受训人员对原理、技能、态度等培训内容的理解和掌握程度

行为层 即行为改变，确定受训人员培训后在实际工作中行为的变化，以判断所学知识、技能对实际工作的影响

结果层 即产生的效果，可以通过一些指标来衡量，如事故率、生产率、员工流动率、产品质量、员工士气及客户服务满意度等

图4-12 培训评估的层次

（二）确定培训评估的时间

按评估的时间来划分，评估分为培训前评估、培训中评估和培训后评估，如图4-13所示。

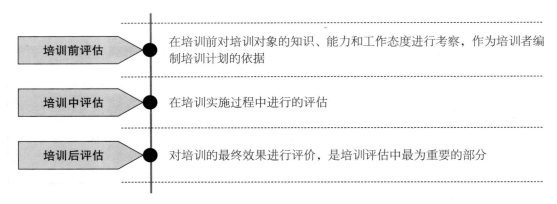

培训前评估	在培训前对培训对象的知识、能力和工作态度进行考察，作为培训者编制培训计划的依据
培训中评估	在培训实施过程中进行的评估
培训后评估	对培训的最终效果进行评价，是培训评估中最为重要的部分

图4-13　培训评估的时间

（三）制定培训评估制度

（1）培训评估制度应与企业发展战略相适应。培训评估必须依据企业的目标，与企业的战略相互协调，与企业的生存、发展和竞争等方面的组织需求相联系，与企业的体系相适应，成为企业发展战略中的一个有效组成部分。

（2）评估标准的科学性与实际可操作性相结合。根据不同产业的不同特点，依据科学标准、具体情况、具体目标加以评估。

（3）定量评估与定性评估相结合，利用文字和数字的充分结合来确定评估的价值。

（4）综合评估与重点评估相结合。综合评估是对培训计划、组织投入、培训方式、培训效果等的评估，重点评估只是针对培训效果的评估。

（四）制定培训评估规划

（1）选择培训评估的方法。企业可根据各种培训的不同特点选择不同的方法，如问卷调查或者现场考试等方法，并且可以采用一种或者多种方法，也可以交叉反复使用。

（2）选择培训评估的方案，包括培训评估的对象、实施者和地点。企业要明确在培训不同阶段的评估对象及实施者，落实责任，既要保证所获得的信息是充分的，又要尽量避免对培训本身造成干扰。

（3）确定培训评估的时间和进度。企业要制定一份详细的培训评估时间进度表，并根据培训课程的进度来安排培训评估的时间。

（五）建立培训项目重要性等级划分系统

企业重点培训项目是企业进行培训评估的重点，不是每一个项目都需要进行高等级评估。

例如，中层领导参加一个外部的管理类培训讲座，这样的日常性培训项目通常做到一级评估也就够了。而对于一些大型高新技术企业的核心技术培训，就需要做到三级评估或四级评估。

因此，培训管理者应在培训评估实施前，为培训评估机制建立配套的培训项目重要性划分系统，通过明确项目与企业战略、年度发展计划、核心技术等企业发展关键性因素的关联性，确定培训项目的重要性和培训评估的实施等级。

由于企业发展变化比较大，所以培训项目重要性划分系统也应是动态的，企业除半年或一年进行一次项目重要性评估外，还应在企业发生重大经营生产变革或变动时，对培训项目的重要性进行评估。

（六）建立培训评估结果追踪制度

培训评估不是一项孤立的行为，是为了改进培训质量，增强培训效果，对于培训评估结果来说，重要的是采取相应的纠正措施并不断跟踪，以完善培训管理体系。因此，对于企业培训管理者来说，建立培训评估结果追踪制度尤其重要。

通过培训效果追踪系统，我们可以采用企业信息化管理方式和电子办公方式，将培训评估结果及时呈报给相关企业管理者，由其明确改进方式和方法，确定相应的改进责任人，落实改进时限和改进目标，并在时限截止后进行改进情况的调查，最终保障培训管理的持续发展。

五、完善档案管理，记录员工成长轨迹

（一）培训档案的分类

一般来说，企业培训档案主要分为员工培训档案、培训管理档案和培训知识储备档案三类，如表4-5所示。

表4-5　培训档案的分类

类别	定义	涵盖内容
员工培训档案	员工培训档案由人力资源管理部建立，是记录员工在特定时期内参与培训项目情况的重要文件	涵盖员工姓名、所在部门、参加培训的具体名称、培训发生的日期、培训的学时数、培训机构及授课人的信息、培训结果（如考试成绩、获取证书情况、继续教育情况等）及培训费用等详细信息

续表

类别	定义	涵盖内容
培训管理档案	培训管理档案是企业培训管理人员在开展培训管理工作过程中形成的一系列过程性文件	具体包括企业年度培训计划、培训项目建议书、培训项目评估报告、内外部培训师资档案、员工培训取证和继续教育档案及培训业务定点联系机构档案等
培训知识储备档案	培训知识储备档案由人力资源管理部负责收集和持续完善，是在培训过程中形成的知识数据档案	主要包括按照专业类别划分的、由企业自行设计和开发的培训课程；以各种形式存在的培训书籍和讲义；记录培训实况的影像资料。此外，还包括按照发生时点分段记录的同一培训课程的版本修订情况、知识补充与变更情况的档案等

（二）培训档案建设

对于培训档案建设方面的日常工作，培训部可以从以下几个方面入手。

1. 全年培训课程记录统计表

培训部可以设计一张 Excel 表格，统计汇总整个年度已实施课程的情况，具体项目包括培训类别、培训课程名称、培训时间、培训地点、课程时数、主办单位、讲师、学员对象、参加人数、实到人数、出勤率、总培训费用、人均培训费用、评估方式、培训满意度、总时数和备注。这个表建立之后，要及时填写并更新，每次课程结束之后要把课程相应信息录入此表。

2. 单项课程资料包

单项课程资料包是指每一次课程都要按照培训作业流程将各项表单、资料归档，并分课程保存。对于每项课程，需要存档的资料如图4-14所示。

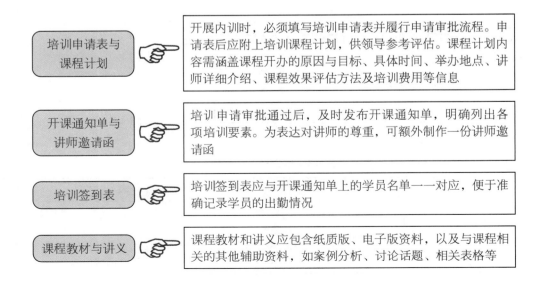

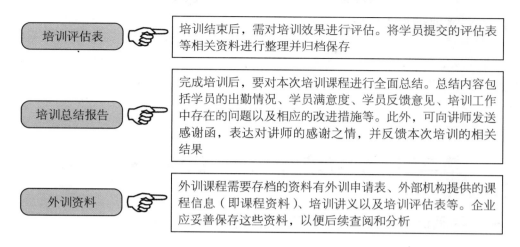

培训评估表 👉 培训结束后，需对培训效果进行评估。将学员提交的评估表等相关资料进行整理并归档保存

培训总结报告 👉 完成培训后，要对本次培训课程进行全面总结。总结内容包括学员的出勤情况、学员满意度、学员反馈意见、培训工作中存在的问题以及相应的改进措施等。此外，可向讲师发送感谢函，表达对讲师的感谢之情，并反馈本次培训的相关结果

外训资料 👉 外训课程需要存档的资料有外训申请表、外部机构提供的课程信息（即课程资料）、培训讲义以及培训评估表等。企业应妥善保存这些资料，以便后续查阅和分析

图 4-14　单项课程资料包

将图 4-14 所示资料统一归档于档案袋，就是一个比较完整的单项课程资料包。

3. 员工个人培训档案

培训部应为每一位员工建立培训记录档案，通过该记录可以了解员工参加了哪些培训课程、参加培训的总时长、花费的培训费用、每次培训后的评估结果，这些数据对员工在晋升评审、转岗、调动时会有参考价值。如果没有 IT 系统的支持，可以用 Excel 表格建立每一位员工的每一次培训记录，然后将 Excel 表格导入 Access 数据库，利用 Access 数据库里面的报表功能，将 Excel 表格中的信息转换成报表，这样便于打印，也便于浏览，如果有 IT 系统就更方便了。

4. 内部讲师资料库

整理担任内部讲师的员工的基本信息，如进入企业的时间、级别、可授课程、授课次数与时长等。

5. 培训供应商资料库

培训供应商资料库包括培训企业名称、企业的性质、关键/优势业务领域、地址、联系人/联系方式、供应商说明（是否合作过，评价如何，有何特别要说明的地方）、供应商资质（根据需要将供应商分级别管理，在有需要时可优先与资质或级别高的供应商联络洽谈）。

6. 课程库

企业应根据自己的培训课程体系，分类建立文件夹，将整年的培训课件和资料打包放进文件夹内，慢慢丰富课程体系。因为这些课程都是实践过的，更具有可操作性，其必须是与企业有关的、由企业内部或外部讲师整理的课程课件，此后在修订课程的时候可标识版本号。

（三）培训档案信息化

企业可以借助发达的信息化网络技术，对培训档案进行有效的管理。培训档案信息化的第一步是需要管理部门及时、有效地进行信息采集与处理。

第二节 制订培训计划，让培训有的放矢

一、熟悉计划种类，按需选择培训方式

（一）按时间划分的培训计划

以培训计划的时间跨度为分类标准，可将培训计划分为长期、中期和短期三种类型，具体如表4-6所示。

表4-6 按时间划分的培训计划

序号	类别	具体内容	备注
1	长期培训计划	一般指时间跨度为3～5年的培训计划	时间过长，则难以做出比较准确的预测；时间过短，则失去了长期计划的意义
2	中期培训计划	时间跨度为1～3年的培训计划	长期培训计划的进一步细化，为短期培训计划提供了参考
3	短期培训计划	时间跨度在1年以内的培训计划	需要着重考虑计划可操作性和实际效果

（二）按层次划分的培训计划

按层次进行划分的培训计划可以分为三个层面，分别是公司整体培训计划、部门培训计划和个人培训计划，如图4-15所示。

公司整体培训计划 ☞ 公司整体培训计划主要涉及公司培训形势分析、培训总体目标、公司培训资源、公司培训策略等方面的内容。它的主要目的在于明确组织培训工作所面临的外部环境和内部条件，并提出解决问题的整体方案，规定公司培训发展的大方向

部门培训计划

部门培训计划是各部门具体培训工作的实施规划，是公司培训计划得以贯彻的基础保障，没有这一计划，公司培训计划只能是空中楼阁

个人培训计划

个人培训计划既有利于个人的发展和提高，又是顺利实现前两项计划必备的手段。将整体、宏观的计划或是培训目标分解开来，具体落实到每个人身上，使得培训计划不再是纸上谈兵

图4-15　按层次划分的培训计划

二、把握核心要素，确保培训质量

培训计划的核心要素如表4-7所示。

表4-7　培训计划的核心要素

序号	要素	要素说明
1	培训目标	培训目标是考核培训效果的标准。其分为总体培训目标和单项培训目标。培训目标要满足以下几个方面的要求。 （1）应适应公司所在行业发展 （2）符合公司发展战略对人力资源开发与培训的要求 （3）符合公司各职能部门的培训需求 （4）符合公司员工、管理者对适应新岗位和新职位的要求 （5）符合公司安全经营要求 （6）符合员工个人发展需求
2	培训内容	培训部门应针对不同部门、不同岗位、不同层次的工作人员，分别设计不同的培训内容，使培训内容具有较强的实用性
3	培训对象	准确选择培训对象，区分主要培训对象和次要培训对象，有助于加强培训的目的性，增强培训效果，控制培训成本
4	培训规模	培训规模受很多因素的影响，如公司的规模、培训力量的强弱、培训场所的大小等。具体培训规模应根据公司实际情况确定
5	培训场所	选择培训场所要根据受训人数、培训内容和培训方式等来决定。要及时将确定好的培训场所通知培训对象和培训讲师
6	培训时间	一期培训的时间从几十分钟到数周不等。培训内容、费用和培训对象来源都可能影响培训时间
7	培训费用预算	培训的主要费用包括培训讲师的工资及培训用具的相关费用等。如果请外部培训讲师，可能在费用上会有所增加，但是只要培训效果好，则完全可以弥补相应的支出
8	培训讲师	培训讲师担负着公司员工培训的重任，培训讲师素质的高低直接影响公司人力资源素质的高低，进而影响着公司的发展。因此，培训讲师的选择和培养对公司来说至关重要。选择和确定培训讲师要从公司的实际情况出发

三、掌握制订步骤，高效规划培训活动

培训计划制订的步骤通常包括图 4-16 所示的几个方面。

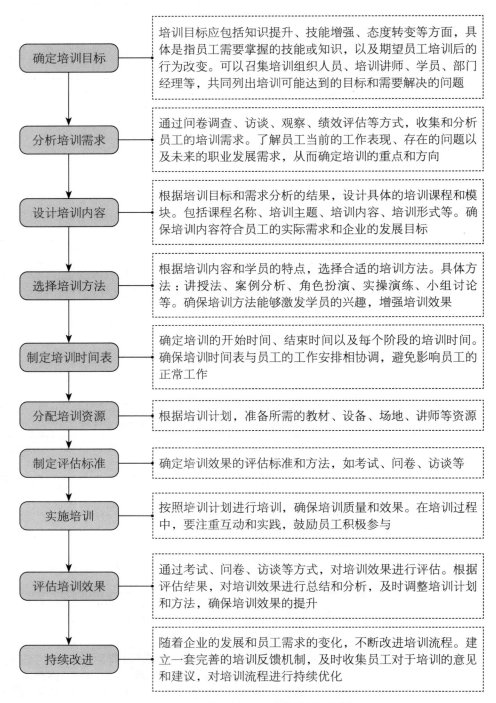

图 4-16　培训计划制订的步骤

四、撰写计划文案，清晰呈现培训安排

许多管理者都有一个误区，认为年度培训计划就是一张年度培训课程计划表，其实，课程表只是年度培训计划的一个组成部分，一般而言，培训计划包括以下几个部分。

（1）封面与目录。

（2）重点摘要。

（3）培训工作重点与目标。

（4）需求调查与结果分析。

（5）培训课程安排。

（6）费用预算。

（7）行动计划与管控措施。

（8）潜在问题分析。

（9）结论与建议。

（10）附件。

以下提供一个公司年度培训计划范本供读者参考。

【范本 4-01】▶▶▶

公司年度培训计划范本

第一部分　培训计划说明和公司现状分析

本公司自××年成立以来，已拥有员工近××人，年销售额××元，公司处于快速发展时期，业务范围正迅速拓展。公司基本状况如下：

1.1　公司共有××名员工，其中大学本科及以上学历××人，占××%，大专及以下学历××人，占××%。公司员工整体素质在××地区处于中等偏下水平，员工流动性较大。

1.2　公司领导高度重视各项基础管理工作的推进，但实际上各职能部门的管理工作尚不全面、细致和规范。

1.3　公司十分关注人员的成长与发展，但鉴于人才市场情况日益严峻，以公司现有人员的管理能力与技术水平很难应对未来的各项挑战。

1.4　外部市场瞬息万变，客户对产品和服务的要求也越来越严格。在这样的形势下，只有加强员工对业务知识的学习、提升员工的业务水平，才能培养人才、留住人才、增强公司的抗风险能力，为公司的长远发展打下坚实的基础。

1.5 公司目前的各项工作有待进一步深化，很多工作程序需要优化与改进，员工的制度化、程序化、标准化意识淡薄，团队精神与协同观念不强，各级管理人员的管理技能与领导水平有待提高。

1.6 20××年底，公司培训工作虽然已经开展，但仅停留在对一线新员工的培训上，培训体系尚不完善，全面培训工作尚未展开。

1.7 公司领导虽一直倡导员工通过不断学习与培训来提高个人综合素质与能力，力求把公司打造成为学习型企业，铸造强有力的企业文化，但因相关职能部门没有切实的行动计划，所以尚未取得明显的效果。

第二部分 20××年上半年培训工作重点

针对以上问题，结合公司未来发展计划，20××年培训工作重点体现在以下几个方面。

2.1 建立一支优秀的内部讲师队伍，在现有的中层、基层管理人员及业务人员中挑选符合条件的人员，进行内部讲师培训，提高他们的培训能力，从而打造一支具有专业知识及培训技巧的讲师队伍，为公司的各类培训提供优秀的师资力量。

2.2 以公司实际情况为基础，参考各种教材与资料，对整个公司进行系统的培训工作，以提升公司员工的综合素质和能力，保障公司各项业务的顺利开展。

2.3 针对20××年招聘的大批业务员，做好入公司前、上岗中、工作后不同时期的培训工作，帮助他们度过适应期，实现角色转变。

2.4 20××年要提高各部门职能人员的职业意识与职业素养，提升其工作热情及与团队合作和沟通的能力，增强服务观念和专业水准。

2.5 对于新员工，力争在××个月内完成对他们的培训，培训内容包括公司认知、文化引导、公司规章制度、员工日常行为规范等。

2.6 20××年要充分利用与整合外部培训资源，对于外部培训、咨询机构所提供的具有针对性、实用性的培训课程，要派相关人员积极参与学习，并要求参训人员在公司内部分享，以增强培训的效果。

2.7 20××年要有效发挥公司现有公告栏的作用，加大宣传力度，强化现代培训理念，营造全员学习氛围。

2.8 20××年要完善培训制度与培训流程，加强培训考核与激励，建立培训反馈与效果评估机制，健全培训管理与实施体系。

2.9 20××年度，公司培训工作要力争全面覆盖，重点突出，在实际的培训工作中不断丰富培训内容，拓展培训形式，优化培训流程，明确培训目的，增强培训效果。

第三部分　培训实施流程

此部分内容略。

第四部分　公司20××年度培训计划

此培训计划是根据公司20××年发展战略、人力资源部工作计划，结合对公司各部门、各岗位员工培训需求进行分析、预测后制订的培训计划。其具体包括"20××年度新员工入职培训和职能人员素质提升计划""20××年度中高层管理人员培训计划"等，在实际实施过程中会有所调整。

4.1　20××年度新员工入职培训和职能人员素质提升计划如下。

序号	培训主题	培训对象	培训人	培训课时	培训形式	培训时间	培训考核
1	公司简介	新员工	人力资源部	0.5小时	内部培训		书面考试
2	企业文化	新员工	人力资源部	0.5小时	内部培训		书面考试
3	公司规章制度	新员工	人力资源部	0.5小时	内部培训		书面考试
4	员工日常行为规范	新员工	人力资源部	0.5小时	内部培训		书面考试
5	公司产品认知	新员工	人力资源部	0.5小时	内部培训		书面考试
6	商务礼仪	新员工	培训专员	1小时	内部培训		书面考试
7	职业礼仪	新员工	培训专员	1小时	内部培训		书面考试
8	工作计划与总结	新员工	培训专员	0.5小时			

4.2　20××年度中高层管理人员培训计划如下。

序号	培训主题	培训对象	培训讲师	培训课时	培训形式	培训时间	培训费用
1	高效管理	储备干部					
2	管理沟通	储备干部					
3	管理授权与激励	储备干部					
4	领导艺术	储备干部					
5	团队建设与高效执行	储备干部					
6	……	储备干部					
费用合计：10000元							

4.3 20××年度员工入职、职业素质与能力提高培训计划如下。

序号	培训主题	培训对象	培训讲师	培训课时	培训形式	培训时间	培训考核
1	公司简介及企业文化	全体员工	培训专员	1	内部培训		书面考试
2	公司规章制度与日常行为规范	全体员工	培训专员	1	内部培训		书面考试
3	每月工作总结	全体员工	培训专员	2	内部培训		书面考试
4	公司产品认知	全体员工	培训专员	2	内部培训		现场考核
5	职业礼仪	全体员工	培训专员	4	内部培训		经验总结
6	工作计划制订及时间管理	全体员工	培训专员	6	内部培训		经验总结
7	工作中情绪与压力调整	全体员工	培训专员	6	内部培训		经验总结
8	人际沟通与协调	全体员工	培训专员	4	内部培训		经验总结
9	5S与现场管理	全体员工	培训专员	2	内部培训		经验总结
10	团队协作精神	全体员工	培训专员	2	内部培训		经验总结
11	职业素养与职业技能提升	全体员工	培训专员	2	内部培训		经验总结
12	……						

第五部分　20××年度培训费用预算

20××年度培训费用预算如下。

序号	项目	培训形式	次数	计划费用	备注
1	主题培训			10000元	
2	学习用书或资料			5000元	
3	中高层管理人员外派培训	外派	若干	10000元	
4	培训硬件设施配备			15000元	
5	其他费用			5000元	
合计				45000元	

第三节　培训项目高效实施，提升员工技能

培训项目组织和实施是保证培训达到预期效果的关键。在开展员工培训前，企业需要做好各项准备工作，如明确培训时间、选择培训地点、准备培训用具等。只有做好这些准备工作，培训才能顺利进行。对于不同类型的员工培训，企业要根据培训讲师及员工的实际情况来安排。在具体的培训项目实施过程中，由于涉及许多人、部门和设施，因此容易在细节上出错，对此，人力资源部要考虑周全。

一、充分准备培训，营造良好培训氛围

（一）发布培训通知

培训通知是企业培训管理的正式文件，起着正确传递培训信息、引起培训对象重视的作用，在必要的时候，可以作为培训考核的依据。

1. 信息采集通知

培训部门通过发布通知书，要求各部门把需要参加培训的人员确定下来，以此做出安排。

2. 信息发布通知

一般信息发布通知包括图4-17所示三项具体内容。

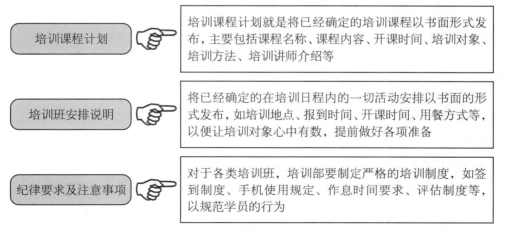

图4-17　信息发布通知的内容

【范本 4-02】▶▶

讲师培训通知书

各部门：

为了充实培训讲师队伍，强化部门培训力量，完善公司培训体系，培训部定于××月××日至××月××日举办第八期培训讲师培训，要求各部门选派三名培训讲师候选人参加。请部门经理严格挑选候选人，并将候选人名单于××月××日前上报培训部。

感谢您的配合！

培训部

××××年××月××日

【范本 4-03】▶▶

×× 有限公司员工团队合作精神培训通知

各位同事：

欢迎您参加第六期员工团队合作精神培训！

现将有关事项通知如下。

一、时间和地点

……

二、纪律要求

1. 按时上下课，如有特殊原因不能参加或中途离开者，请向有关工作人员请假。

2. 上课专心听讲，保持安静；关闭手机或设置为振动模式。

3. 保持环境卫生，上课期间禁止吸烟。

感谢您的配合！

培训部

××××年××月××日

（二）培训教室的选择与布置

培训部要提前选好培训教室，最好有备选教室。一般情况下，根据学员人数和培训内容选择培训教室。

1. 选择培训教室

选择培训教室时，要考虑以下事项。

（1）房间宽敞，但面积不宜过大，以免给人空荡荡的感觉。

（2）在培训教室里一定要安排供书写和放置资料的工作区。

（3）培训教室有通风设备，且运转良好，容易控制。

（4）培训讲师的工作区有足够大的空间来放置材料、媒体工具或其他培训用器材。

（5）要保证坐在后排的学员可以看清屏幕。

（6）检查周围环境是否有干扰，如其他培训班、工作人员办公室等（因为噪声会分散学员的注意力，影响培训效果）。

（7）检查休息室、饮用水、茶点的状况。

（8）检查灯光、空调的使用情况和控制按钮是否正常。

2. 布置培训教室

培训教室可用多种不同方式加以布置。主要考虑的因素是必须满足培训的要求，且使学员感到舒适。

（1）课堂式。课堂式布置如图4-18所示，课堂式布置方式的优缺点如表4-8所示。

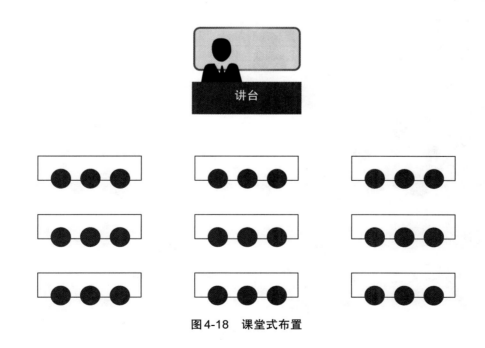

图4-18　课堂式布置

表4-8 课堂式布置方式的优缺点

优点	缺点
（1）学员将注意力集中到讲师身上 （2）对不需要太多互动形式的课堂教学比较适用	（1）受传统教学的限制，不容易活跃气氛 （2）随着时间的推移学员容易分散注意力 （3）讲师不能随时有效监督学员的学习情况

（2）长桌式。长桌式布置如图4-19所示，长桌式布置方式的优缺点如表4-9所示。

表4-9 长桌式布置方式的优缺点

优点	缺点
（1）能增进学员之间的了解，让学员快速融入课堂 （2）培训讲师容易监控现场情况	（1）授课过程中会限制讲师的灵活性 （2）团队型教学活动易受限

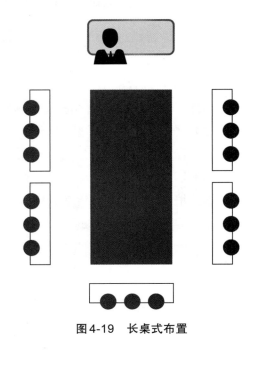

图4-19 长桌式布置

（3）圆桌团队式。圆桌团队式布置如图4-20所示，圆桌团队式布置方式的优缺点如表4-10所示。

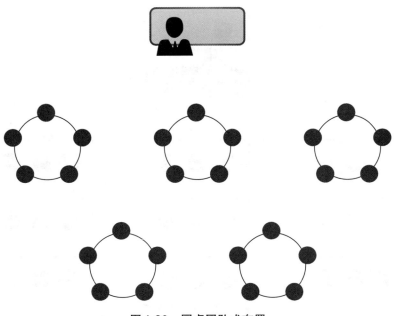

图4-20 圆桌团队式布置

表4-10　圆桌团队式布置方式的优缺点

优点	缺点
（1）适合团队型培训项目开展 （2）利于培训讲师激发学员参与热情 （3）方便培训讲师与学员互动 （4）能设计多种不同的团队建设游戏	（1）部分学员会背对讲师 （2）不能与其他组员有较多的交流 （3）对培训讲师的要求高，需具备足够的经验 与技巧

（4）八字团队式。八字团队式布置如图4-21所示，八字团队式布置方式的优缺点如表4-11所示。

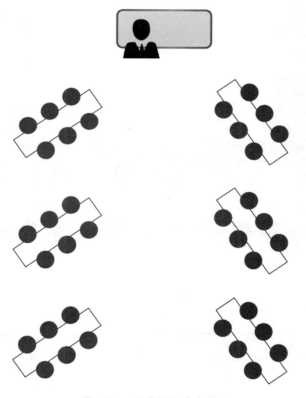

图4-21　八字团队式布置

表4-11　八字团队式布置方式的优缺点

优点	缺点
（1）适合团队型培训项目开展 （2）利于培训讲师激发学员参与热情 （3）方便培训讲师与学员互动 （4）能设计多种不同的团建游戏	（1）部分学员会背对讲师 （2）不能与其他组员有较多的交流 （3）对培训讲师的要求高，需具备足够的经验 与技巧 （4）参加培训的人数受限

（5）U形会议式。U形会议式布置如图4-22所示，U形会议式布置方式的优缺点如表4-12所示。

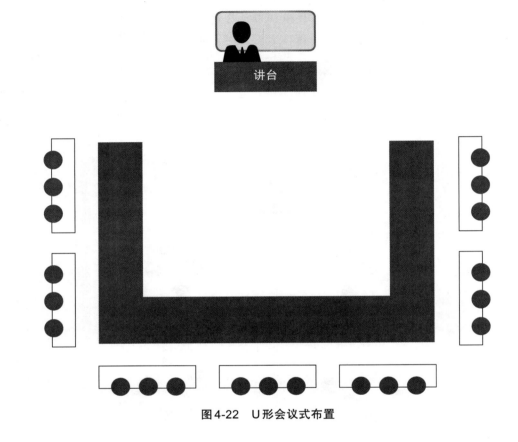

图4-22　U形会议式布置

表4-12　U形会议式布置方式的优缺点

优点	缺点
（1）适合学员互动和参与活动 （2）讲师能站在U形内部，避免后排学员听不清楚问题 （3）讲师与学员易于互动，增强培训体验	（1）培训讲师需要具备足够的实战经验与控场技巧 （2）参与培训的人数受限

（6）大圆体验式。大圆体验式布置如图4-23所示，大圆体验式布置方式的优缺点如表4-13所示。

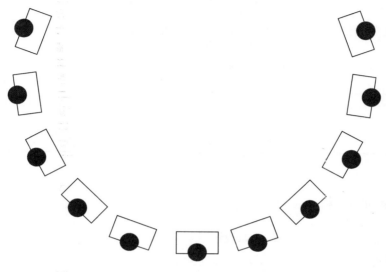

图 4-23　大圆体验式布置

表 4-13　大圆体验式布置方式的优缺点

优点	缺点
（1）适合户外体验培训，体验性更强 （2）讲师与学员间能产生更多的互动 （3）有利于鼓励学员分享，增加培训体验	（1）培训讲师需要具备足够的实战经验与互动技巧 （2）人数要求控制在 20 ～ 30 人 （3）学员不能及时记录更多的知识点，不适合复杂的教学 （4）学员容易走神

3. 培训教室细节管理

布置好教室后，还需要注意一些细节，具体如表 4-14 所示。

表 4-14　培训教室的细节管理

序号	细节	管理措施
1	电源插口	（1）进行培训前要到现场检查电源插口的位置和数量 （2）检查所需设备的电源线是否够长，设备插头是否都能用上这些插口 （3）为了防止授课时挪动电源线，或是有人在走动时被绊倒，最好将电源线粘贴在地面上

序号	细节	管理措施
2	灯光空调	（1）在室内培训要保证灯光充足，以使学员能清楚看到演示板和投影。但是用太强的灯光，会分散学员的注意力；在培训中若需要关灯或调暗灯光来播放录像，就要确切知道灯开关按钮的具体位置，哪个开关控制哪盏灯 （2）灯光光线有可能会在某个角度干扰人的视线，需从多角度观察灯光的效果，及时发现并解决这个问题 （3）空调的温度是否适宜，不要因空调的温度而影响学员的学习，这个问题要早发现、早解决
3	其他设施设备	（1）其他设施如音响、通风设备等详情，一定要向相关的管理人员了解清楚 （2）核查所有的设备情况，以保证不因设备的问题而影响培训正常进行

（三）培训工具的准备

培训工作会使用到各种工具，如投影仪、幕布或白板等。培训人员在开展培训工作前，必须准备好这些设备，以保证培训工作顺利进行。

1. 投影仪

投影仪有不同的型号，因此在使用前一定要熟悉它们的结构和使用方法，同时要做好检查工作，具体检查事项如表4-15所示。

表4-15　投影仪检查表

检查事项	结果
（1）房间内光线是否太强 （2）投影仪的光线是否聚集 （3）显示到屏幕上的图文是否足够大 （4）学员是否都能看清屏幕上的内容 （5）是否需要给培训讲师准备一支激光笔	
注意事项	
（1）请确保笔记本电脑电量充足 （2）投影仪要预热3～5秒才能正常工作，所以要提前开机 （3）电源关闭后，等待投影仪内部排风扇停止工作（大约5分钟）才可拔下电源，否则投影仪容易损坏 （4）在开机状态下，灯丝处于高温状态，不要随意搬动机器 （5）如果使用液晶显示投影屏，要使用高亮度的投影仪 （6）投影的内容最好标注页数，这样可以方便查找，或使用多种色彩来突出重点内容 （7）要准备一支备用的激光笔，供培训讲师作指示器来强调所讲的内容	

2. 白板

培训教室里一般都用白色书写板，培训人员在使用白板前，也要做好检查工作，确保白板能正常使用，如表4-16所示。

表4-16　白板检查表

检查事项	结果
（1）是否将其放在每个学员都能看得到的地方 （2）是否准备了不同颜色的书写笔 （3）是否有板擦	
注意事项	
（1）书写板要安装在滑轮架子上，以方便移动 （2）在书写板上写的字要足够大，以确保每个人都能看清楚 （3）使用书写笔书写时，不要用油性笔（因为难以擦去字迹） （4）为防止笔墨干枯，不用时，请立即盖好书写笔笔帽	

3. 电脑

培训讲师所准备的资料如PPT课件等，大都存储在电脑中，使用前对电脑的检查事项如表4-17所示。

表4-17　电脑检查表

检查事项	结果
（1）是否有硬件、软件方面的故障 （2）是否准备了电源线并能正常使用	
注意事项	
（1）清楚了解、熟悉电脑使用方法 （2）开关电脑时动作要轻 （3）最好在断电的情况下插拔电脑的外接设备 （4）不要在电脑旁放置水杯、饮料等物品	

4. 挂图

在授课过程中，当培训讲师有一些标准的信息要写在白板上时，为了不耽误课堂进度，可事先将有关内容写在挂图上，在使用时展示。使用前培训人员对挂图的检查事项如表4-18所示。

表4-18　挂图检查表

检查事项	结果
（1）在制作时是否有遗漏的内容 （2）有没有编上页码 （3）要不要多准备些空白纸张 （4）是否有相应的书写笔，要不要准备不同颜色的笔 （5）是否将其挂牢，在翻动时会不会掉页	
注意事项	
（1）不要在一张图表中安排太多数据 （2）字体要适中，色彩要协调 （3）如果座位超过10排，尽量不要使用挂图，因为学员有可能看不到上面的书写内容 （4）教室稍大时，可考虑制作两份挂图，方便坐在不同方向的学员观看 （5）如果可能的话，也可将挂图张贴在教室的墙上，再逐一加以说明 （6）挂图中凡是重点内容，均用不同颜色的笔加以标注，以提醒学员注意	

5. 印刷材料

印刷材料大多是与课程相关的资料。在课前分发课程大纲或研讨材料较为适宜，而摘要类或补充材料则在课后或者课程进行中分发较好。分发前对各类印刷材料的检查事项如表4-19所示。

表4-19　印刷材料检查表

检查事项	结果
（1）有没有遗漏的材料 （2）对某些材料的发放是否有特别的说明 （3）材料的字体是否清晰，是否有错别字或其他印刷错误 （4）有没有必要对材料进行分类，以便在课程进行的不同时间段发放	
注意事项	
（1）分发材料的时机要恰到好处，以免影响教学进程 （2）不要过量使用印刷材料 （3）在制作这些材料时，要考虑留下适当的空白页面，以便学员在听课时在上面做笔记	

（四）培训后勤工作

为了保证培训工作的顺利完成，培训部一定要精心做好相应的后勤保障工作。在培训过程中，后勤工作主要包括交通安排、设备保障等。

1. 交通安排

在组织培训时一定要了解到达培训地点需要多长时间。如果距离较远，是否安排专车将学员送到培训教室；若是距离近，是否告诉学员自己选择交通工具。一定要向学员交代清楚培训的确切地点，并建议合适的到达时间。

提到交通时，不得不考虑天气情况，因为天气情况也直接影响学员到达培训地点的时间。而且如果是在室外培训，天气是最大的影响因素。因此，要密切留意培训期的天气情况，如果发现天气不利于室外培训，要考虑是否改期。

2. 设备保障

即使在设备状况良好的情况下，也要安排好技术维护人员，一旦设备出了问题，应立即与其联系，及时排除故障。

3. 茶点安排

如果培训就在企业内部的会议室或培训室进行，茶点安排会较为灵活，可以结合培训课程的进度来加以安排或调整。

二、严格过程控制，保障培训顺利进行

培训项目的前期工作已经准备完毕，现阶段为培训项目的实施阶段，这时只需要按培训的课程安排进行就可以了。在实施过程中的所需资源必须到位，需要组织者根据计划进行现场工作的操作和协调，如图4-24所示。

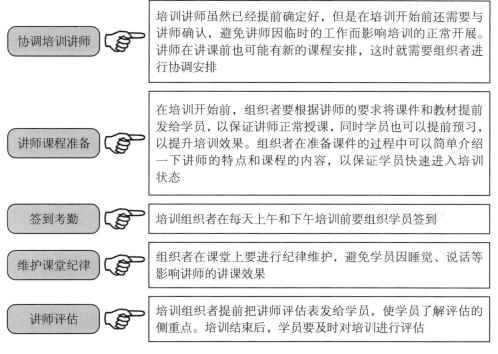

图4-24

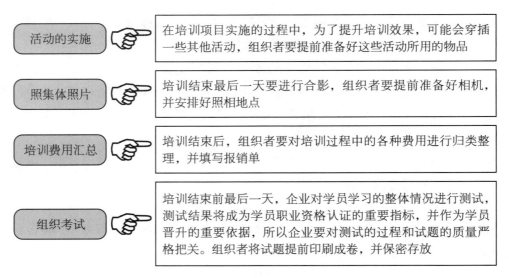

图 4-24　培训过程控制内容

三、重视后期管理，巩固培训学习成果

培训后期管理是十分关键的，组织者在培训结束后还有很多评估工作要做。

（一）清理培训场地

培训结束后，如在企业内培训，则组织人员对会场进行清理，把培训会场恢复原样，要求按5S的标准来进行清理。

（二）储存培训照片，撰写培训通信

将培训期间的照片从相机里转存到电脑存档。组织者编写通信录，发给学员，以保持培训结束之后学员间或学员与讲师间的沟通交流。

（三）整理调查问卷

培训结束后，组织者针对大家的评估表进行评估汇总和整理，并分析结果。

（四）撰写培训总结

企业组织相关人员就培训期间的基本情况和出现的问题进行整理，总结培训的不足，找出解决的方法，改进培训，以保证下期培训更有针对性。培训总结模板如下：

（培训项目名称）培训总结

一、培训概况

1. 培训主题（简要概括培训的核心内容，如"新媒体运营技能提升培训"。）

_____

2. 培训时间（明确培训的起止日期，例如"××××年××月××日—××××年××月××日"。）

_____

3. 培训地点（说明培训开展的具体场所，如"公司会议室"或"线上培训平台"。）

_____

4. 培训对象（指出参与培训的人员范围，如"市场部全体员工"。）

_____

5. 培训方式（列举采用的培训手段，如"理论授课、案例分析、小组讨论、实操演练"等。）

_____

二、培训目标

（回顾培训最初设定的目标，可从知识获取、技能提升、态度转变等方面阐述，如"本次培训旨在让学员掌握新媒体平台的运营规则，熟练运用各种推广工具，增强内容创作能力，提升团队协作意识"。）

_____

三、培训内容与实施过程

1. 培训内容概述（分点详细介绍培训涵盖的具体内容，包括理论知识模块和实践操作部分。例如，在新媒体运营培训中，可提及"新媒体平台算法与推荐机制讲解""短视频脚本创作技巧培训""社交媒体广告投放实操"等。）

_____

2. 培训实施过程（描述培训的具体开展流程，如每天的课程安排、讲师授课方式、学员参与情况等。可以举例说明，"培训第一天上午，由资深讲师通过 PPT 讲解新媒体平台的发展趋势，下午组织学员进行小组讨论，分享对行业的见解"。）

_____

四、培训效果评估

1. 反应评估（通过问卷调查、课堂反馈等方式，了解学员对培训的满意度，包括对培训内容、讲师表现、培训组织等方面的评价。可呈现调查结果，如"根据满意度调查，××%的学员对培训内容表示满意，××%的学员认为讲师授课清晰易懂"。）

2. 学习评估（说明对学员学习成果的考核方式及结果，如理论考试成绩、实操项目评分等。例如，"理论考试平均成绩为××分，实操考核合格率达到××%"。）

3. 行为评估（观察培训后学员在工作中的行为变化，如是否将所学知识技能应用到实际工作中。可举例，"部分学员在培训后主动优化了公司社交媒体账号的运营策略，发布内容的互动量有所提升"。）

4. 结果评估（分析培训对组织目标达成的贡献，如业绩提升、效率提高等方面的数据对比。如"经过培训，相关业务部门的项目执行效率提高了××%，产品销售额增长了××%"。）

五、培训亮点与不足

1. 培训亮点（总结本次培训中表现出色的方面，如独特的教学方法、优秀的讲师团队、学员的积极参与等。例如，"培训采用了案例教学与实操演练相结合的方式，让学员能够快速将理论知识转化为实际操作能力，效果显著"。）

2. 培训不足（指出培训过程中存在的问题，如内容安排不合理、时间把控不当、学员参与度不均衡等。如"部分理论知识讲解过于深入，导致时间超出预期，压缩了实操练习时间"。）

六、改进措施

（针对培训中发现的不足，提出具体的改进建议和措施。如"在后续培训中，提前对理论知识进行筛选和精简，合理分配理论讲解与实操练习的时间；加强对学员的引导，确保每位学员都能充分参与讨论和实践"。）

七、总结与展望

（总结本次培训的整体成果和意义，表达对未来培训工作的期望。例如，"本次培训有效提升了学员的新媒体运营能力，为公司的品牌推广和业务拓展奠定了基础。未来，我们将继续优化培训方案，根据员工需求和市场变化，开展更具针对性和实用性的培训，助力公司持续发展"。）

（培训部门 / 负责人名称）　　　　　　　　　（总结日期）

（五）整理收集培训档案

培训全部结束后，要整理收集与培训相关的所有档案。培训的档案管理工作包括建立培训档案和对各类培训资料进行分类归档，以便为企业人力资源部进行人员考核、晋升、奖惩提供重要依据。

第 5 章

绩效管理，激发团队活力

　　绩效管理在企业人力资源管理中具有非常重要的地位，许多企业都建立了较为完善的绩效管理体系，有些企业甚至设置了绩效管理委员会。绩效管理并不仅限于考核，而是一个全方位、全员参与的系统性工作，同时按 PDCA 方法不断循环、持续改进。

第一节　深度剖析，把握人力管理核心

　　绩效管理是一个不断循环的业务管理过程，即首先明确企业要做什么（制定目标和计划），然后找到衡量工作完成情况的指标与标准并进行监测（构建指标与标准体系并进行监测），通过管理者与被管理者的互动沟通，将目标责任层层传递（辅导、沟通），对做得好的（绩效考核）员工进行奖励（激励机制），使其继续保持，能够完成更高的目标。更为重要的是，一旦员工发现做得不好的地方（经营检讨），就要通过分析找到问题，并进行改正（绩效改进），使得工作做得更好。这个过程就是绩效管理。

一、解析三个层面，全方位理解绩效管理

　　绩效管理是一个系统工程，管理专家通常将绩效管理分为组织绩效、流程绩效和个人绩效三个层面，如图5-1所示。

组织绩效是指企业在某一时期内完成的任务数量、质量、效率及盈利情况，组织绩效的评价需要选用一定的量化指标，例如，成本下降 10%、年销售环比增长 20%、利润率提升 20%、市场占有率比上一年度提高 15% 等

流程是指工作事项的流向顺序，包括实际工作过程中的工作环节、步骤和程序。流程绩效管理的目的是通过建立科学合理的指标体系，监控流程绩效，运用分析方法，发现业务问题的根本原因，并在以后的工作中实施改进。为实施流程绩效管理，企业需要建立一整套管理制度，包括保证基础数据及时性和准确性的日清日结管理制度，各种例会的程序和决策制度，拟制、审核、分发、反馈各种信息、报表、报告的制度

图5-1

 员工个人绩效是指与员工工作职责达成的阶段性结果及其过程中可评价的行为表现，个人绩效管理的目的是促使员工努力工作以达到其工作岗位的要求，内容包括员工绩效计划、绩效指导、绩效评估、结果运用（培训、发展、激励）等

图5-1 绩效管理的三个层面

二、领悟核心地位，重视绩效管理作用

人力资源管理系统是由人力资源战略规划、企业使命与文化、绩效评估、培训开发、薪酬激励与认可等一系列要素形成的有机整体，如图5-2所示。

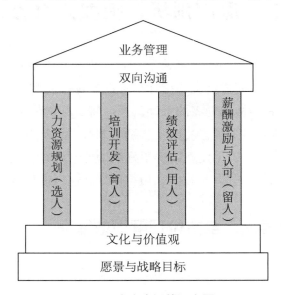

图5-2 人力资源管理大厦

根据图5-2，我们可以得出人力资源管理大厦的整个框架：

（1）愿景与战略目标是人力资源管理大厦的基石，它为企业绩效管理系统提供了根基。

（2）文化与价值观是人力资源管理大厦的平台，也是企业绩效管理系统运作方针的导向。

（3）人力资源规划、培训开发、绩效评估、薪酬激励与认可等是人力资源管理大厦的支柱，也是企业绩效管理系统的支持系统。

（4）企业中的双向沟通作为"横梁"，连接了人力资源管理大厦各个支柱，也是绩效管理系统中有力的调节剂和催化剂。

（5）基石、平台、支柱、横梁的有效结合共同支持着企业创造持续的优良绩效。

绩效管理在人力资源管理系统中占据核心的地位、起到重要的作用，如图 5-3 所示。

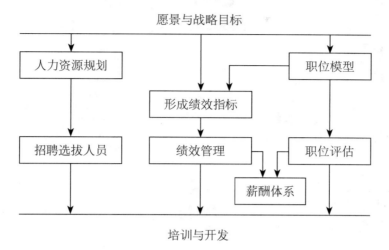

图 5-3　绩效管理在人力资源管理系统中的核心地位

在绩效管理系统中，绩效评估是整个系统的中介与核心环节。有效的绩效评估可以促进人力资源管理中不同组成部分的一体化，并使它们与企业的战略目标紧密地结合起来，如图 5-4 所示。

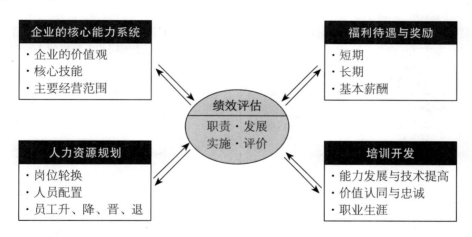

图 5-4　绩效评估推动人力资源管理的一体化

三、全员参与，协同推进绩效管理

许多人认为绩效管理是人力资源部的工作，其实这是一种误解。绩效管理不仅是人力资源部的工作，更是企业各部门、各级管理者及全体员工的责任。只有全员参与，才可能达到绩效管理的效果，如图 5-5 所示。

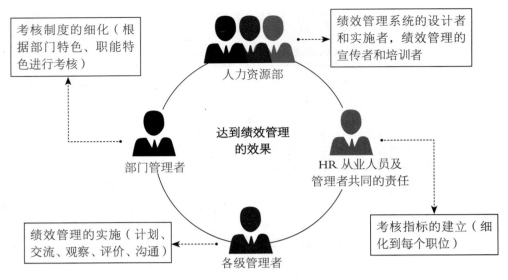

图 5-5　绩效管理者的角色

（一）相关部门在绩效管理中的分工

相关部门和人员在绩效管理过程中的分工如图5-6所示。

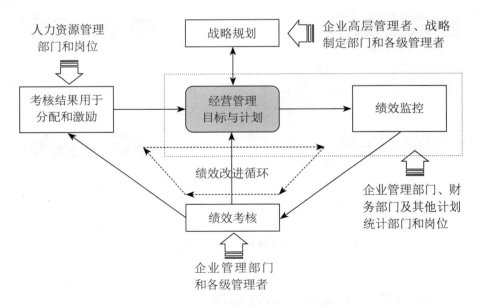

图 5-6　相关部门在绩效管理工作中的分工

（二）绩效管理是企业各层管理者的共同责任

企业各层管理者在绩效管理工作中的共同责任如表5-1所示。

表5-1　各层管理者在绩效管理工作中的共同责任

类别	各级管理者的责任	主管的能力
行为	（1）保证员工有工作做 （2）按要求的标准去做 （3）在规定时间内完成 （4）使工作趋于熟练化	（1）分析工作的要求和员工能力 （2）分析个人能力是否达到工作要求 （3）向员工阐明工作的要求，传授具体的知识和技能 （4）检查工作过程中给予支持，评价最后结果
结果	（1）保证目前的绩效令人满意 （2）分析绩效下降的原因 （3）激励员工提高自身技能和水平 （4）为员工的学习和发展创造更多机会	（1）明确规定员工应达到的绩效水平 （2）诊断员工在工作中出现问题的原因 （3）通过提供正确的支持和适度的挑战，使员工水平得以提升 （4）和员工一起总结经验，使他们从中获取最大的益处
职业	（1）挖掘员工个人职业发展的潜力 （2）对员工职业生涯的抉择提出建议 （3）帮助员工做出最适当的选择 （4）支持员工达到预期目的	（1）了解员工内在需求和动机 （2）如实评价员工职业发展愿望与自身能力是否相符 （3）在本企业内部和广阔的就业市场中，为员工的职业生涯设计最佳途径和制定实施策略
生涯	（1）了解清楚问题的实质及其对员工个人和组织绩效的影响 （2）协调员工个人和组织的利益 （3）策划帮助员工达到预期生产目标的方案 （4）在适当的时候表明自己对员工的支持	（1）倾听和了解员工的需求 （2）了解清楚自己能提供帮助的上限 （3）让员工思考他们面临的问题 （4）帮助员工找出他们认为解决这些问题的最佳方法

（三）人力资源部的管理责任

人力资源部在绩效管理工作中的责任如图5-7所示。

责任一　设计、试行、改进和完善绩效管理制度，并建议有关部门推广

责任二　在本部门认真贯彻执行企业的绩效管理制度，起到模范带头作用

责任三　宣传绩效管理制度，说明贯彻该项制度的意义、目的、方法与要求

责任四　督促、检查、帮助本企业各部门执行现有绩效管理制度，培训绩效管理实施人员

责任五　收集反馈信息，包括在实施绩效管理制度时存在的问题、难点，记录并收集有关资料，提出改进方案和措施

责任六　根据绩效管理结果，制订相应的人力资源开发计划，并提出人力资源管理决策

图5-7　人力资源部的绩效管理责任

（四）员工在绩效管理中的责任

员工在绩效管理工作中的责任如图 5-8 所示。

明确自己的绩效责任与目标（做什么、为什么做、结果是什么）

参与目标、计划的制定（组织的要求、目标必须达成的理由）

寻求上级的支持与所需资源（责权、费用、工具、渠道等）

及时获得评价、指导与认同（好不好、是否满意、如何改进）

获取解释的机会（消除误解、解释原因）

图 5-8　员工在绩效管理中的责任

第二节　KPI体系：关键指标的精准把控

KPI（Key Performance Indicator）即关键绩效指标，关键绩效指标考核是企业基于经营管理绩效制定的考核评估体系，基于 KPI 的绩效管理体系是企业管理体系的关键环节之一，如图 5-9 所示。

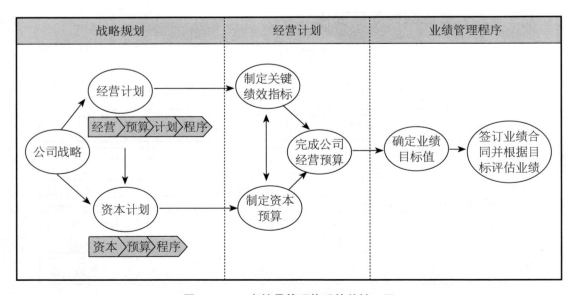

图 5-9　KPI考核是管理体系的关键一环

一、了解体系概述，掌握 KPI 核心要点

（一）什么是关键绩效指标

关键绩效指标（KPI）考核是企业基于经营管理绩效制定的考核评估体系，可以从以下三个方面深入理解关键绩效指标的具体含义。

（1）KPI是用于考核和管理被评估者绩效水平的可量化的或可行为化的标准体系。也就是说，KPI是一个标准化的体系，它必须是可量化的，如果难以量化，就必须是可行为化的。如果可量化和可行为化这两个特征都无法满足，就不是符合要求的KPI。

（2）KPI是对企业实现战略目标有增值作用的绩效指标。也就是说，KPI是连接个体绩效与企业战略目标的一座桥梁。基于KPI管理绩效，可以鼓励真正对企业有贡献的行为。

（3）基于在KPI中达成的承诺，员工与管理者可以进行工作期望、工作表现和未来发展等方面的沟通。KPI是绩效沟通的基石，管理者和员工在沟通时可以拥有共同的语言。

表5-2和表5-3是某公司KPI体系指标集，它有助于管理者和HR更好地理解什么是关键绩效指标。

表5-2　某公司KPI体系指标集（部分）

管理改进指标			成长与发展指标	
客户指标	产品指标	财务指标	员工队伍指标	领导能力指标
· 员工认同度 · 客户投诉率 · 客户对投诉处理的满意度 · 客户维持率 · 新客户获取 · 个性化服务	· 申请立项通过率 · 结算延迟天数 · 支出审核失误率 · 产品一次合格率 · 服务等级提升率 · 培训计划达成率	· 销售额 · 利润 · 投资回报率 · 净资产增长率 · 销售增长率 · 流动资产周转率 · 总资产周转率 · 成本利润率 · 净资产保值增值率	· 员工流失率（骨干员工） · 员工自然流动率 · 人员需求达成率 · 在职培训的人均时数 · 目标完成率	· 计划执行能力 · 授权能力 · 与员工的沟通能力 · 管理创新能力

表5-3　主管人员常用的一些KPI

工作结果	KPI
下属员工的绩效	上级主管对以下方面感到满意： （1）所有员工都有书面的绩效衡量标准 （2）所有员工都清楚地了解他们的工作结果以及与标准的差距

工作结果	KPI
下属员工的绩效	（3）所有员工每年至少接受一次绩效反馈面谈 （4）所有员工都接受了书面的年度绩效评估 （5）员工可以接受的薪酬水平 （6）员工有具体的绩效改进计划 （7）员工认为他们的努力得到了认可 （8）员工工资的提高率随着绩效的不同而发生变化
员工的满意度	对员工的调查表明： （1）员工理解企业的发展方向、部门的工作目标和他们在达到这些目标的过程中扮演的角色 （2）员工清楚地了解主管对他们的期望 （3）员工知道自己的工作成果，并且知道自己应该在哪些方面做出改进 （4）员工认为绩效评估工作准确地反映了他们的绩效水平 （5）员工拥有完成工作所必需的工具和手段；如果没有这些工具和手段，他们可以知道其中的原因 （6）员工拥有完成工作所必需的知识和技能，或者具有获得这些知识和技能的计划 （7）员工的高绩效得到了领导的认可和赞赏

（二）KPI 绩效管理体系的重要性

KPI绩效管理体系对企业实现战略目标具有多重意义，如图5-10所示。

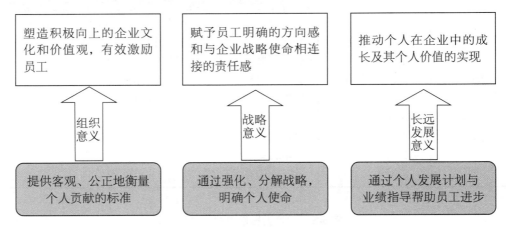

图 5-10　KPI 绩效管理体系的三大意义

（三）KPI 绩效管理体系的设计原则

在设计KPI绩效管理体系时应遵循以下原则，如表5-4所示。

表 5-4　KPI绩效管理体系的设计原则

序号	设计原则	描述
1	以价值驱动	（1）联结股东回报与企业经营业绩 （2）建立以价值创造为核心的企业文化
2	业绩透明性	（1）坦诚、公平、跨越组织等级的业绩审核和沟通工作 （2）系统、客观地评估业绩
3	流程系统化	（1）与战略规划、资本计划、经营/预算计划、人力资源管理等管理环节紧密相连 （2）系统地制订计划、审核流程与召开会议
4	有效激励	（1）使考核结果与薪酬和非物质奖惩等激励机制紧密相连 （2）加大业绩突出者与其他人的薪酬差距
5	淘汰机制	及时发现、提醒业绩考核成绩不过关、能力不足以胜任工作的员工，并进行调岗或淘汰
6	可行性强	（1）参考国外先进管理经验，并结合本企业实际情况具体实施 （2）通过合理的过渡方案逐步扫清实施障碍

（四）KPI绩效管理的关键

KPI绩效管理模式成功的关键是制定KPI和签订绩效合同，如图5-11所示。

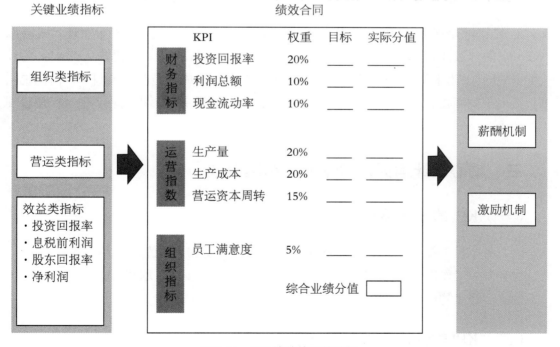

图5-11　KPI绩效管理的关键

二、做好准备工作，奠定 KPI 体系基础

（一）了解组织结构及部门工作使命

人力资源部的组织结构（如图5-12所示）应能够一目了然地表明员工的岗位及周边工作关系。

（1）了解组织结构图时应注意的事项：上下级关系的对应；责权是否一致；职能的重叠与空白。

（2）了解部门工作使命时应明确的问题：理解部门在企业中的定位。了解部门的主要日常营运工作是什么，清楚该部门实现了企业哪些战略目的。

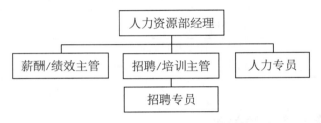

图5-12　人力资源部的组织结构图示例

（二）对绩效考核对象进行工作分析并明确岗位职责

工作分析是指对工作进行整体分析，以便确定每一项工作的6W1H：谁来做（Who）、做什么（What）、何时做（When）、在哪里做（Where）、如何做（How）、为什么做（Why）、为谁做（Whom）。工作分析的结果或直接成果是岗位说明书，岗位说明书把该岗位的职责、权限、工作内容、任职资格等信息以文字形式记录下来，以便管理人员使用。

三、精心设计指标，确保KPI精准有效

（一）KPI的设计要求

（1）每个员工都应该有明确的KPI，包括KPI的权重和目标值。

（2）同一工作性质的员工应该分享相同的绩效考核依据，以增强可比性。

（3）各员工的综合绩效分值由各指标的完成率加权汇总得出。

（二）KPI的设计来源

KPI的设计来源如图5-13所示。

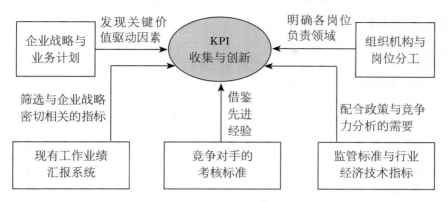

图5-13　KPI的设计来源

（三）KPI的制定流程

KPI的制定流程如图5-14所示。

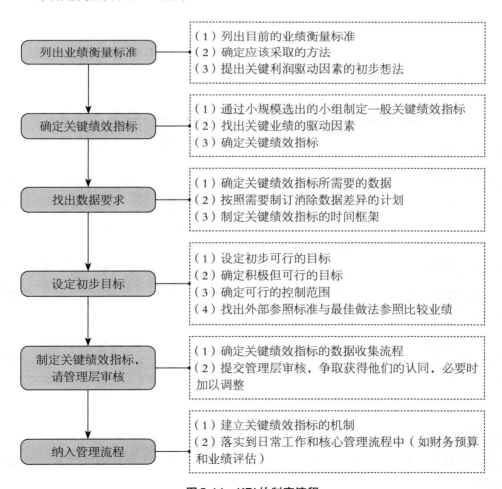

图5-14　KPI的制定流程

（四）选择 KPI

1. 选择 KPI 的出发点

选择 KPI 的出发点如图 5-15 所示。

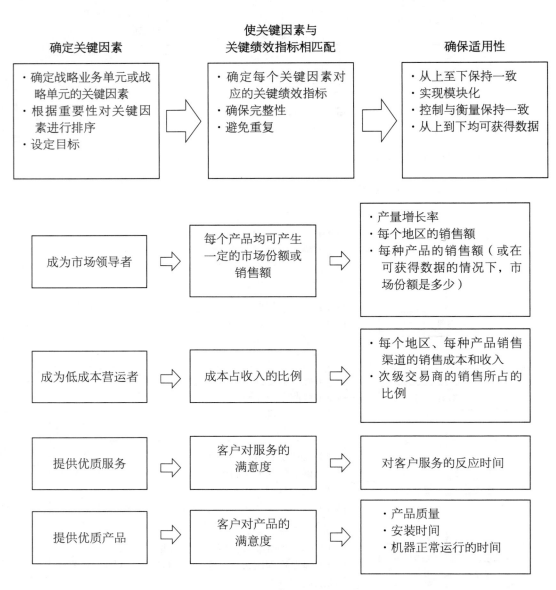

图5-15　选择KPI的出发点

2. 有效的 KPI 的基本特征

有效的 KPI 具有如表 5-5 所示的基本特征，KPI 必须满足表中所有特征才能有效驱动绩效改善。

表 5-5　有效的 KPI 的基本特征

特征	表现
职责业绩的体现力	对比衡量前后的职责，选择最能体现业绩好坏的指标
重要性	指标应是衡量业绩的重要驱动因素，并与有关单位的使命或活动的战略方向保持一致
可衡量性、可定量分析性	指标可以被及时、准确、客观地衡量
可理解性	指标对被衡量者来说应是简单明了的
可控制性	被衡量者应有能力在合理的时间范围内影响指标，并促使业绩改进

3. 选择 KPI 时应考虑的问题

（1）选择效益类指标时应考虑的问题如图 5-16 所示。

> **问题一**　**选择有限的典型效益类指标**
>
> （1）投资回报率
> （2）现金流
> （3）息税前利润或利润总额

> **问题二**　**生产经营性单位与职能部门选择财务类指标的不同**
>
> （1）生产经营型单位：对本单位财务结果负责
> （2）职能部门与科研单位：对上级单位的财务结果有影响

> **问题三**　**明确界定利润总额与息税前利润的差别**
>
> （1）利润总额主要考察对财务费用有影响力的管理人员，如厂长、财务处长、总会计师
> （2）息税前利润主要考察对财务费用无影响力的管理人员

图 5-16　选择效益类指标时应考虑的问题

（2）选择营运类指标时应考虑的问题。

① 营运类指标应反映岗位特殊的工作成果；

② 营运类指标应尽量体现部门的主要年度目标，数量不应过多；

③ 要考虑确定目标值时的难易程度，保证其具备可行性；

④ 营运类指标可能是通过岗位主管访谈得出的，但应突破岗位主管的个人局限性。

（3）选择组织类指标时应考虑的问题。工会、行政工作岗位及人力资源经理岗位通常承担较丰富的组织类工作。

四、编写指标词典，规范 KPI 解释与应用

（一）什么是关键绩效指标词典

关键绩效指标词典是衡量企业各类经营活动成果的指标的总和，如表5-6所示。

表5-6　关键绩效指标词典示例

关键绩效指标	定义与考核目的	计算公式	数据来源	考核期	考核对象
上级单位投资回报率	有效利用资金创造利润的能力	息税前利润 ×（所得税率）/（平均固定资产净值 + 平均运营资本）	财务信息系统	季度末及年底	全体二级单位及职能部门
本单位投资回报率	有效利用资金创造利润的能力		财务信息系统	季度末及年底	全体二级单位及职能部门
上级单位现金流	创造现金收入的能力		财务信息系统	季度末及年底	全体二级单位及职能部门
本单位现金流	创造现金收入的能力		财务信息系统	季度末及年底	全体二级单位及职能部门
上级单位息税前利润	与经营管理直接相关的经营业绩		财务信息系统	季度末及年底	全体二级单位及职能部门
本单位息税前利润	与经营管理直接相关的经营业绩		财务信息系统	季度末及年底	全体二级单位及职能部门
上级单位利润总额	产生利润的能力	税前净利润	财务信息系统	季度末及年底	全体二级单位及职能部门
本单位利润总额	创造利润的能力	税前净利润	财务信息系统	季度末及年底	全体二级单位及职能部门

（二）关键绩效指标词典的设计步骤

关键绩效指标词典的设计步骤如图5-17所示。

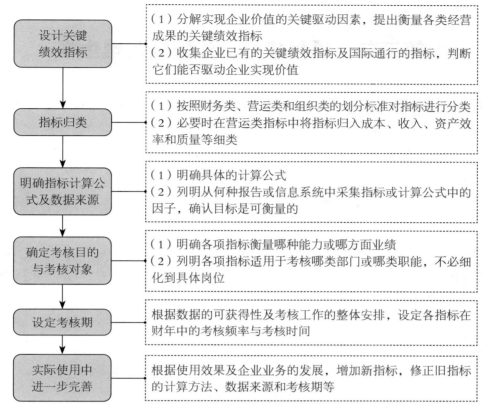

图5-17　关键绩效指标词典的设计步骤

（三）使用关键绩效指标词典的原则

使用关键绩效指标词典时要遵循如图5-18所示的原则。

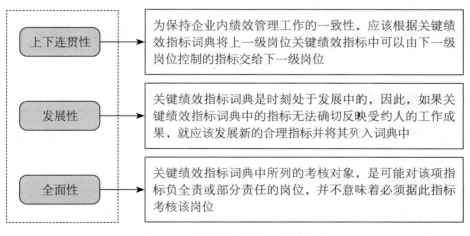

图5-18　关键绩效指标词典的原则

第三节　流程规范，让绩效落地生根

绩效管理是一个完整的系统，应该包括绩效计划、绩效实施、绩效评估、绩效反馈和绩效改进五个流程。因此被称为五步运作，如图5-19所示。

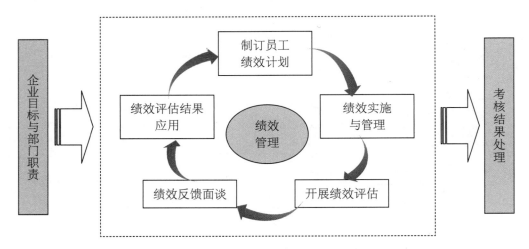

图5-19　五步运作

一、计划制订，明确员工工作目标

制订绩效计划，是指由管理者和员工根据既定的绩效标准共同制订、修正绩效目标以及实现目标的过程。

绩效标准是指针对特定职务工作，要求员工在工作中应达到的各项基本要求。

绩效目标是指在绩效标准的基础上，综合考虑员工现有的绩效水平而对员工提出的具体要求。

（一）绩效计划的内容

绩效计划包括两个方面的内容，即做什么和如何做，具体为图5-20所示几点。

（二）谁来制订绩效计划

制定员工的绩效计划是绩效管理的关键环节，需要管理者与员工共同参与，充分沟通，确保计划既符合组织目标，又具有可操作性和激励性。

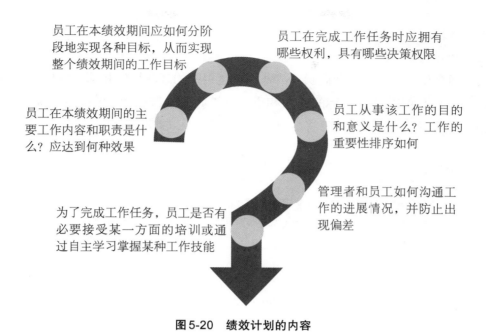

图 5-20　绩效计划的内容

（三）绩效计划的制订步骤

1. 绩效计划的准备

绩效计划制订要做好充分的准备工作，具体内容如图 5-21 所示。

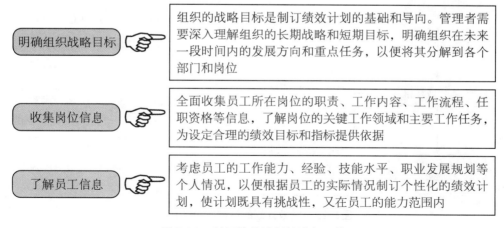

图 5-21　制订绩效计划的准备工作

2. 绩效计划的沟通阶段

（1）确定沟通时间和方式。

管理者应与员工共同确定一个合适的时间进行绩效计划沟通，确保双方都有充足的时间和精力参与讨论。沟通方式可以根据实际情况选择面对面交流、小组会议等，以保证沟通的效果。

（2）开展沟通会议。

在沟通会议中，管理者要向员工清晰地传达组织的战略目标和部门目标，让员工了解自己的工作与组织整体目标的关系和重要性。同时，鼓励员工表达自己对工作的理解、想法和期望，共同探讨如何将组织目标分解为个人的绩效目标。

小提示

沟通绩效计划前，管理者和被管理者应该选择一个双方都合适的时间和空间，在沟通的时候尽可能避免受到干扰。沟通的氛围要尽可能轻松，不要使被管理者感受到太大的心理压力。

3. 绩效计划的设定阶段

绩效计划的设定阶段的步骤如图5-22所示。

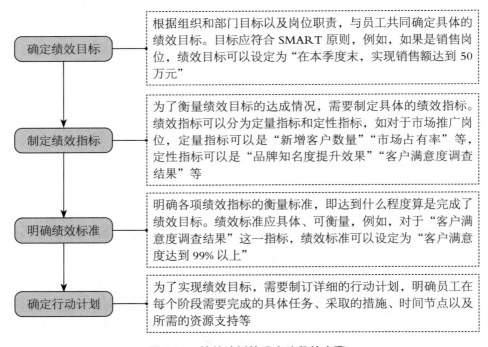

图5-22 绩效计划的设定阶段的步骤

4. 审核与确认阶段

（1）审核绩效计划。

绩效计划（见以下模板）制订完成后，管理者要对计划进行审核，检查绩效目标是否与组织和部门的目标一致，绩效指标是否合理、可衡量，绩效标准是否明确，行动计划是否可行等。

（2）确认绩效计划。

审核通过后，管理者与员工要对绩效计划进行签字确认，使绩效计划成为双方共同认可的正式文件，明确双方的责任和义务。

在制订员工绩效计划的过程中，要保持沟通的开放性和互动性，充分尊重员工的意见和建议，让员工积极参与计划的制订过程中，以提高员工对绩效计划的认同感和执行力。

员工绩效计划书模板

员工绩效计划书

员工姓名：＿＿＿＿＿＿＿＿＿（具体姓名）

部门：＿＿＿＿＿＿＿＿＿（具体部门）

职位：＿＿＿＿＿＿＿＿＿（具体职位）

计划周期：＿＿＿＿＿＿＿＿＿（开始日期）—＿＿＿＿＿＿＿＿＿（结束日期）

一、绩效目标

目标 1：＿＿＿＿＿＿＿＿＿（目标描述）

目标概述：＿＿＿＿＿＿＿＿＿＿＿＿＿＿＿（简要说明目标的背景和意义）

衡量指标：＿＿＿＿＿＿＿＿＿＿＿＿＿＿＿（列出具体的衡量指标，如数量、质量、时间、成本等）

目标值：＿＿＿＿＿＿＿＿＿（明确指标要达到的具体数值或范围）

目标 2：……（以此类推，根据实际情况设定多个目标）

二、评估标准

评估维度 1：＿＿＿＿＿＿＿＿＿（维度名称，如工作业绩、工作能力、工作态度等）

评估要点：＿＿＿＿＿＿＿＿＿＿＿＿＿（详细说明在该维度下的评估要点）

评分标准：＿＿＿＿＿＿＿＿＿＿＿＿＿（制定具体的评分标准，如优秀、良好、合格、不合格对应的分数范围或具体表现描述）

评估维度 2：……（以此类推，根据实际情况设定多个评估维度）

三、行动计划

行动 1：＿＿＿＿＿＿＿＿＿＿＿＿＿＿＿＿＿＿＿＿＿＿＿（行动描述）

责任人：＿＿＿＿＿＿＿＿＿＿＿＿＿（明确负责该行动的人员）

时间安排：＿＿＿＿＿＿＿＿＿＿＿＿＿（具体的时间节点或时间段）

所需资源：＿＿＿＿＿＿＿＿＿＿＿＿＿（列出行动所需的资源，如人力、物力、财力等）

行动 2：……（以此类推，根据实际情况制订多个行动计划）

四、沟通与反馈

定期沟通：＿＿＿＿＿＿＿＿＿＿＿＿＿＿＿＿（明确沟通的频率和方式，如每月一次面对面沟通、每季度一次绩效回顾会议等）

反馈机制：＿＿＿＿＿＿＿＿＿＿＿＿＿＿＿＿＿（说明员工如何获取绩效反馈，以及对反馈结果有异议时的处理方式）

五、调整与变更

调整条件：＿＿＿＿＿＿＿＿＿＿＿＿＿＿＿＿（明确在何种情况下可以对绩效计划进行调整，如组织战略调整、市场环境变化、重大项目变更等）

调整流程：＿＿＿＿＿＿＿＿＿＿＿＿＿＿＿＿（规定绩效计划调整的具体流程，如提出申请、上级审核、双方协商等）

员工签字：＿＿＿＿＿＿＿＿＿＿＿＿＿

上级领导签字：＿＿＿＿＿＿＿＿＿＿＿

日期：＿＿＿＿＿＿＿＿＿＿＿＿＿

二、实施管理，持续跟踪员工绩效

在员工绩效计划实施与管理过程中，需重点关注图 5-23 所示要点，以确保绩效目标的顺利达成。

目标动态调整

数据收集与记录　　　　　激励与认可

持续沟通与辅导　　　　　问题解决与改进

图 5-23　绩效实施与管理要点

（一）持续沟通与辅导

绩效辅导是指管理者与员工讨论有关工作进展情况、潜在的障碍和问题、解决问题的办法、员工取得的成绩以及存在的问题、管理者如何帮助员工等信息的过程。它贯穿于绩效管理的全过程。

1. 绩效辅导的作用

绩效辅导的作用在于能够前瞻性地发现问题并在问题出现之前解决，根本目的在于对员工实施绩效计划的过程进行有效管理，具体表现为图5-24所示几点。

作用一	了解员工工作的进展情况，以便及时进行调整
作用二	了解员工在工作时遇到的障碍，以便发挥自己的作用，帮助员工解决困难，提高绩效水平
作用三	可以通过沟通避免在考核时发生意外
作用四	掌握一些考核时必须用到的信息，使考核具有目的性和说服力
作用五	帮助员工协调工作，使之更加有信心地做好本职工作
作用六	提供员工需要的信息，让员工及时了解工作上的改变，以便管理者和员工步调一致

图5-24　绩效辅导的作用

2. 绩效辅导的分类

绩效辅导可以分为两类，如图5-25所示。

纠正员工错误的行为	提供资源支持
在被考核者的行为出现错误或者发生目标偏差时，管理者要及时对其进行纠正。一旦被考核者能自觉履行职责，按计划开展工作且目标没有偏差时，管理者就应该放手让他们自己管理	被考核者由于自身职能和权限的限制，在某些时候可能会遇到资源调度的困难，此时，管理者应向被考核者提供必要的资源支持，协助其完成工作任务

图5-25　绩效辅导的分类

3. 绩效辅导对管理者的要求

绩效辅导贯穿于绩效管理的全过程，因此管理者应该了解以下几个问题：

1. 被考核者的工作进展情况如何？
2. 被考核者在哪些方面进行得好？
3. 被考核者的哪些方面需要得到进一步改善和提高？
4. 被考核者是否正在朝着既定的绩效目标前进？

> 5. 为使被考核者更好地完成绩效目标，需要做哪些改善工作？
>
> 6. 在提高被考核者的知识、技能和经验方面，管理者需要做哪些工作？
>
> 7. 是否需要对被考核者的绩效目标进行调整，如果需要，该怎样调整？
>
> 8. 管理者与被考核者在哪些方面达成了一致？
>
> 9. 管理者与被考核者需要在哪些方面做进一步的沟通探讨？

4. 绩效辅导的沟通

员工和管理者需要在绩效实施的过程中进行持续不断的沟通，因为每个人都需要从中获得对自己有用的信息。

绩效管理的沟通方式一般有书面报告、会议沟通和一对一面谈沟通等。每种沟通方式都有自己的优点和缺点，管理者在选择时可依具体的情景而定。

（二）数据收集与记录

在绩效实施期间，系统地收集和记录员工的工作表现数据（见表5-7）。这些数据将作为绩效评估的客观依据，如工作完成数量、质量检测结果、客户反馈评分等。通过数据积累，可准确评估员工绩效，避免主观偏见。

表5-7　每月与绩效管理相关的报表统计示例

序号	被考核部门	绩效目标	数据来源	数据提供部门/岗位
1	销售部	销售业绩	财务报表	财务部
2		售价比	财务报表	财务部
3		增加成交新客户	财务报表	财务部
4		客户满意度	客户满意度调查表	销售部助理
5	工程部	新产品开发	新产品确认单	销售部
6		样品制作及时性	样品制作申请单	销售部
7		完成标准产品作业指导书 × 份	文件发行记录	生产部
8		设备保全完成率	设备点检保养记录表	生产部
9	生产及物料控制（PMC）部	仓库账物卡准确率	盘点表	财务部
10		订单达成率	订单达成统计表	商务组
11		库存周转率	库存统计表	财务部

续表

序号	被考核部门	绩效目标	数据来源	数据提供部门/岗位
12	仓储组	仓库账物卡准确率	盘点表	财务部
13		备料及时率	发料表	生产部
14		单据审核及时性	单据审核统计表	财务部
15	采购部	物料准交率	月度物料准交报表	PMC 部
16		采购物料的合格率	品质月报表	品质部
17		主要供应商现场考察与评估	评估表	品质部
18	生产部	生产效率	生产日报表	生产部
19		制损率	领料单	财务部
20		生产计划达成率	生产计划表	PMC 部
21		成品合格率	品质月报	品质部
22		制程合格率	品质月报	品质部
23		安全事故	工伤事故报告单	行政部
24	品质部	品质异常工时占比	异常工时统计表	生产部
25		检验计划达成率	品质月报表	品质部
26		品质异常纠正预防措施完成率	纠正预防报告汇总表	品质部
27		开展供应商品质辅导	供应商辅导计划	采购部
28	行政部	管理费用分析	分析报告	行政部
29		伙食满意度得分	伙食满意度统计表	行政专员
30		招聘达成率	招聘达成率统计表	人力资源助理
31		员工流失率（负）	人力资源月报表	人力资源助理
32	财务部	财务报表及时性	财务报表	财务部
33		财务报表数据的准确性	财务报表	财务部
34		财务分析	分析报告	财务部

序号	被考核部门	绩效目标	数据来源	数据提供部门/岗位
35	各部门公共项	各部门制度的制定及发行	文件发行记录表	文控文员
36		培训计划达成率	培训记录表	行政部
37		5S管理	5S检查统计表	行政部

（三）目标动态调整

市场环境和组织战略可能发生变化，若原定绩效目标不再合理，需及时调整。如公司业务方向转变，员工的工作重点和目标也应相应改变，确保绩效计划与实际情况相符。

（四）激励与认可

及时对员工的优秀表现给予认可和奖励，能增强员工的工作积极性和动力。奖励可以是物质的，如奖金、奖品，也可以是精神的，如公开表扬、晋升机会，让员工感受到努力能够得到回报。

（五）问题解决与改进

针对绩效实施过程中出现的问题，与员工共同分析原因，制定改进措施。如员工某项工作指标未达标，一起探讨是技能不足、资源短缺还是流程不合理导致的，进而有针对性地解决问题。

三、开展评估，客观评价员工表现

在绩效评估阶段，管理者要依据绩效计划阶段确立的标准和辅导阶段收集的数据来评估员工在考核期内的绩效水平。

（一）汇总检查员工的相关绩效数据

评估的第二步是汇总检查员工的相关绩效数据（如表5-8所示）。检查的目的是保证数据的质量，管理者应确认有关绩效的数据是否准确、完整以及适用性如何，如果发现数据中有不符合要求的地方，或者仍需要对某些数据进行证实时，管理者要把这些数据和通过另一种渠道（如工作样本分析、错误报告、投诉记录、管理者反馈等）收集的数据进行对比，以判断原始信息的准确性和可信性。

表5-8　各部门绩效目标达成情况汇总表

部门	目标	年度目标值	单位	1月			…月			平均值
				目标值	实际达成值	达成率	目标值	实际达成值	达成率	
销售部	销售业绩	100	万元							
	售价比	90%	比值							
	增加成交新客户	1	家							
	客户满意度	99%	比值							
	制定并发行"业务人员提成制度"	1月31日	日期							
	培训计划达成率	100%	比值							
工程部	新产品开发	5	款							
	样品制作及时性	100%	比值							
	完成标准产品作业指导书	每月31日前	日期							
	设备保全完成率	100%	比值							
	样品制作及时性	规定日期前	日期							
	刀模开发及时性	规定日期前	日期							
	模具、治具维修及时性	规定日期前	日期							
	设备维修完成率	100%	比值							
	培训计划达成率	100%	比值							
PMC部	仓库账物卡准确率	95%	比值							
	订单达成率	85%	比值							
	库存周转率	50%	比值							
	培训计划达成率	100%	比值							
仓储组	仓库账物卡准确率	95%	比值							
	备料及时率	100%	比值							
	单据输入及时性	100%	比值							
	仓库5S管理	90	分值							
采购部	物料准交率	95%	比值							
	采购物料的合格率	90%	比值							
	主要供应商现场考察与评估	1月31日	日期							

续表

部门	目标	年度目标值	单位	1 月			…月			平均值
				目标值	实际达成值	达成率	目标值	实际达成值	达成率	
采购部	制定并发行"采购开发管理程序"	1月31日	日期							
	培训计划达成率	100%	比值							
生产部	生产效率	100%	比值							
	生产计划达成率	90%	比值							
	成品合格率	90%	比值							
	制程合格率	98%	比值							
	现场5S管理	90	分值							
	安全事故	0	次							
	培训计划达成率	100%	比值							
品质部	品质异常工时占比	≤0.5%	比值							
	检验计划达成率	100%	比值							
	品质异常纠正预防措施完成率	100%	比值							
	品质异常客诉	≤3	次							
	发行"保护膜进料检验规范""包材进料检验规范""塑胶壳进料检验规范"	1月20日	日期							
	培训计划达成率	100%	比值							
行政部	管理费用分析	1	次							
	伙食满意度得分	65	分值							
	招聘达成率	75%	比值							
	员工流失率（负）	8%	比值							
	制定并发行"5S管理办法"	15日	日期							
	制定并发行"信息信息管理办法"	31日	日期							
	培训计划达成率	100%	比值							
财务部	财务报表及时性	15日	日期							
	财务报表数据的准确性	100%	比值							
	制定并发行"费用报销管理制度"	31日	日期							
	培训计划达成率	100%	比值							

（二）选择合适的评估方法

评估的第二步是在确认数据充分且没有错误后，可以根据这些数据对员工的绩效完成情况进行评估。管理者应根据员工不同的工作特点和情况采取不同的评估方式。评估时要保证重要的指标没有遗漏、评价标准与工作绩效紧密相关、评价的过程公正有效。

四、反馈面谈，促进员工成长

在最终的绩效评估结果生效之前，管理者还需与下属对评估结果进行讨论。面谈的主要目的是使管理者和下属对绩效评估结果形成共识，使下属接受绩效评价结果。绩效面谈可分为以下三个步骤。

（一）绩效面谈准备

绩效面谈前，管理者最重要的准备工作就是准备相关数据并做好分析，也就要求管理者在面谈前一定要进行绩效诊断。

1. 管理者应做的准备

绩效反馈面谈前，管理者应做的准备工作如图5-26所示。

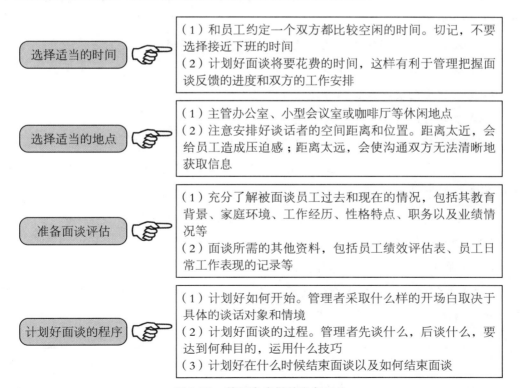

图5-26　管理者应做的准备工作

2. 员工应做的准备工作

（1）回顾上一绩效周期自己的表现与业绩，准备一些表明自己绩效状况的数据。

（2）对自己的职业发展有一个初步的规划，正视自己的优缺点和有待提高的能力，以便和主管一起制订改进计划。

（3）面谈是个双向交流的过程，准备好向管理者提出的问题。

（4）事先安排好工作时间，避开重要和紧急的事情。

（二）面谈过程的控制

建立彼此的信任关系是绩效沟通面谈成功的前提。管理者要清楚地说明面谈的目的和作用，要能够充分调动员工参与讨论的积极性。管理者要注意倾听员工的意见，把握交流的基调，问得多、讲得少，有利于为面谈营造一个积极的氛围。面谈的主要内容如下所示。

面谈的主要内容

（1）回顾和讨论过去一段时间的工作进展情况，包括工作态度、工作绩效和企业文化建设等。

（2）双方讨论计划完成情况及效果、目标是否已实现。

（3）管理者对员工做出评估。

（4）管理者向员工提出工作建议或意见。

（5）管理者向员工提出要求或期望。

（6）明确员工可以从管理者那里得到的支持和指导。

（7）讨论员工的工作现状及存在的问题，如工作量、工作动力、与同事合作、工作环境、工作方法。

（8）在分析工作优缺点的基础上提出改进建议或解决办法。

（9）管理者阐述本部门中短期目标及做法。

（10）员工阐述自己的工作目标，双方努力把个人目标和部门目标结合起来。

（11）共同讨论并确定下个绩效周期的工作计划和目标，以及为实现此目标应采取的相应措施。

员工绩效考核面谈的具体操作中可运用表5-9所示的内容。

表5-9 员工绩效考核面谈记录表

部门： 面谈双方： 面谈具体时间： 年 月 日 时至 时

1.对员工在本考核期内完成的工作进行全面回顾及客观评价（含工作内容、进展与成效、不足与改进意见、工作成果评价、未完成的工作内容及原因分析等）
2.员工在下一个考核期的工作目标、工作计划/工作安排、工作内容或上级期望（本部分内容可由员工先提出，面谈中再由双方修改确认）
3.为更好地完成本职工作和团队目标，员工在下一阶段需要努力和改善的绩效，直接主管的期望、建议和措施等
4.员工对部门（公司）工作的意见/建议、不满/抱怨、工作/生活/学习中出现的烦恼和困难、希望得到的帮助/支持/指导
5.以上面谈提纲中未涉及的其他内容

员工签字（我同意面谈内容）： 直接主管签字（我同意面谈内容）：

（三）确定绩效改进计划

在绩效面谈过程中，双方在分析绩效结果引发的原因时，应当及时记录达成的共识，同时也对下一阶段的绩效重点和目标进行规划，这就使整个绩效管理过程形成了一个不断提高的循环。面谈结束后，双方要将达成共识的结论性意见或双方确认的关键事件或数据，及时记录、整理下来，并填写在员工考核表中。对于已达成共识的下期绩效目标也要进行整理，形成新的考核指标和考核标准。员工绩效改进计划书如表5-10所示。

表5-10　员工绩效改进计划书

员工绩效改进计划书

_____先生 / 女士：

　　在 ____ 年 __ 月 __ 日至 ____ 年 __ 月 __ 日的考评周期中，您的考评结果反映出您（请从以下两项中勾选一项）：

　　1. 与您所任职岗位的要求还有较大差距□

　　2. 相比本部门其他员工，您的岗位绩效仍有较大的提升空间□

　　根据公司"绩效管理规定"，并基于您能正确认识到工作表现中存在的不足及有改进的愿望，经公司批准，给予您绩效及行为改进的机会。有关改进计划内容如下：

一、绩效表现中存在的不足

_____

二、原因分析与改进举措

_____

三、绩效改进计划

　　1. 绩效改进期：____ 个月，自 ____ 年 __ 月 __ 日起至 ____ 年 __ 月 __ 日止。

目标项	目标	目标值	衡量标准	考核权重
业绩目标				
能力提升目标				

　　2. 结果应用：若绩效改进期考核合格，则公司继续履行与您已签订的劳动合同；否则，公司将对您的岗位进行调整或解除与您签订的劳动合同。

　　　　　　　　　　员工本人签字：　　　　　　　　日期：____ 年 __ 月 __ 日

　　　　　　　　　　直接主管签字：　　　　　　　　日期：____ 年 __ 月 __ 日

五、结果应用，激励员工积极工作

绩效评估的应用范围很广，它的结果既可以供管理者为人力资源管理决策提供信息，也可以为员工个人在绩效改进、职业生涯发展方面提供借鉴，具体包括图 5-27 所示几个方面。

图 5-27　绩效评估结果的应用

（一）用于招聘决策

通过分析员工的绩效评估结果，HR 对企业各个岗位的优秀人才应具备的优秀品质与绩效特征会有更深入的理解，这就为招聘过程的甄选环节提供了十分有益的参考。例如，通过对企业优秀基层管理人员绩效特征的分析，在以后招聘基层管理人员时，就会对甄选的标准进行有针对性的调整或改进，更好地满足企业提升绩效的需要。

通过分析员工的绩效评估结果，如发现员工在工作能力或态度上存在欠缺，又无法通过及时而有效的培训得到解决时，人力资源部就要考虑制订或改进相应的招聘计划，以满足企业提升工作绩效水平的实际需要。

（二）用于薪酬管理

1. 薪资调整

绩效评估结果是调整员工薪资的重要依据。通常绩效优秀的员工会得到较大幅度的加薪，以肯定他们的工作成果和贡献；绩效良好的员工也能获得一定程度的薪资增长；而绩效不佳的员工可能会面临薪资下调，以此激励他们改进绩效。

2. 奖金分配

根据绩效评估等级，为员工发放不同额度的奖金。例如，在年度绩效评估后，将员工分成不同的绩效等级，对应不同比例的年度奖金，绩效越高，奖金数额越大，使奖金真正起到激励员工的作用。

（三）员工晋升与职业发展

绩效评估结果应用于员工晋升与职业发展的具体表现如图 5-28 所示。

晋升决策 ☞ 绩效评估结果能够直观反映员工的工作能力和业绩，持续高绩效的员工往往具备更强的工作能力和发展潜力，是晋升的优先人选。企业在选拔管理人员或关键岗位人员时，会重点参考绩效评估记录，将晋升机会给予那些绩效表现突出、综合素质优秀的员工

职业规划指导 ☞ 通过绩效评估，管理者可以帮助员工发现自身的优势和劣势，结合企业的发展需求和员工的个人意愿，为员工制定个性化的职业发展规划（如表 5-11 所示）。对于有潜力但缺乏某些技能的员工，建议其参加相关培训或学习项目，为未来的职业发展奠定基础

岗位调整 ☞ 对于在现有岗位上绩效不佳但在其他方面有潜力的员工，企业可能会考虑将其调整到更适合的岗位，以发挥其优势，提高工作绩效。相反，对于在当前岗位上表现出色且有更高能力的员工，可能会将其调整到更具挑战性的岗位，为企业创造更多价值

图 5-28　绩效评估结果应用于员工晋升与职业发展

表 5-11　个人发展计划书

前　言

　　员工的个人发展计划书分为企业文化、企业发展规划、企业大师语录、员工个人发展计划、员工上年度工作总结五部分。这五个部分环环相扣，从不同的角度将员工个人发展与公司整体发展紧密联系起来。员工个人发展计划是本计划书的核心部分，员工可畅谈自己对企业文化、企业发展战略的看法，并提出自己的意见和建议；同时根据企业发展战略确定自己本年度及短期、中期、长期发展目标和实施计划。公司各级经理必须成为真正的人力资源管理者，要"心贴心、面对面"地与每一位员工认真讨论、分析本计划，并找到实现计划的方法和路径，要尽全力同大家一起实现这个目标。制定个人发展目标、计划需要保持实事求是、认真严谨、对自己和公司负责的态度，因为当个人发展计划在部门、公司得到确认后，员工将在今后的工作中付诸实践。这些计划将成为公司、部门安排工作的重要依据及核心内容。

第一部分　企业文化

发展目标：＿＿＿＿＿＿＿＿＿＿＿＿＿＿＿＿＿＿＿＿＿＿＿＿＿＿＿＿
战略举措：＿＿＿＿＿＿＿＿＿＿＿＿＿＿＿＿＿＿＿＿＿＿＿＿＿＿＿＿
企业宗旨：＿＿＿＿＿＿＿＿＿＿＿＿＿＿＿＿＿＿＿＿＿＿＿＿＿＿＿＿
经营理念：＿＿＿＿＿＿＿＿＿＿＿＿＿＿＿＿＿＿＿＿＿＿＿＿＿＿＿＿
价值观：＿＿＿＿＿＿＿＿＿＿＿＿＿＿＿＿＿＿＿＿＿＿＿＿＿＿＿＿

第二部分　企业发展规划

＿＿＿＿＿＿＿＿＿＿＿＿＿＿＿＿＿＿＿＿＿＿＿＿＿＿＿＿＿＿＿＿＿＿
＿＿＿＿＿＿＿＿＿＿＿＿＿＿＿＿＿＿＿＿＿＿＿＿＿＿＿＿＿＿＿＿＿＿

第三部分　企业大师语录

＿＿＿＿＿＿＿＿＿＿＿＿＿＿＿＿＿＿＿＿＿＿＿＿＿＿＿＿＿＿＿＿＿＿
＿＿＿＿＿＿＿＿＿＿＿＿＿＿＿＿＿＿＿＿＿＿＿＿＿＿＿＿＿＿＿＿＿＿

续表

第四部分　员工个人发展计划

一、关于填写员工个人发展计划的相关说明

1. 员工个人发展计划由 4 份表格和个人年度总结组成，4 份表格分为员工个人发展计划 A 表、B 表、C 表、D 表（员工个人发展计划 A 表、B 表及员工个人年度总结由员工填写；员工个人发展计划 C 表、D 表由员工的直接主管填写）。

2. 为保证表格内容的准确性、严谨性以及书面的整洁性，请每份表格的填写人认真确认内容后再填写并保证字迹清晰。

3. 员工个人发展计划表的每份表格要由规定的填写人签字并注明日期后方能有效。在本年度内，如员工需对发展计划表中的部分内容做出更改，可向所在部门的部门经理提出更改申请，待批准后，可按照原填表格式和标准填写更改内容，并填写更改记录，完成后将更改的文档附在后页的文件夹内即可。

4. 关于员工个人发展计划和部分栏目概念的解释

员工个人发展计划是指员工通过分析和确定企业的发展目标以及自身的知识、技能、动机、兴趣、态度、爱好、优势和劣势等个人特征，使个人的需要与企业的需要相匹配。

知识是指员工掌握的基础知识、业务知识、实务知识等。

技能是指员工掌握的技术、技巧和业务熟练程度，以及理解分析能力、应用知识能力和配合协调能力等。

业务经验是指员工在过去的工作中积累的管理、市场营销、技术、工程及其他经验。

综合部分是指员工除以上发展方向外，个人发展的其他目标的内容，如职位目标、薪资目标等。

优势是指员工在某项技能、思维、知识面、运作能力等方面具有的明显长处。

劣势是指员工在某项技能、思维、知识面、运作能力等方面存在的明显不足。

二、员工个人发展计划表格

1. 员工个人发展计划 A 表

员工个人发展计划 A 表

（此表由员工本人填写）

姓名		所属部门	
性别		出生年月日	
民族		职称	
血型		学历	
身份证号		婚否	
工作经历			
时间	单位	岗位 / 职务	工作业绩
学习经历			
时间	地点	专业	学习业绩
备注：			

2. 员工个人发展计划B表、C表

员工个人发展计划B表、C表

（B表由员工本人填写、C表由员工所在部门负责人填写）

填写人姓名			所属部门	
员工现状分析	知识			
	技能			
	业务经验			
	优势			
	劣势			
发展计划				
方向		员工中期发展计划（1～2年）	员工长期发展计划（2～3年）	
知识				
技能				
业务经验				
综合部分				
员工签字			部门负责人签字	
公司主管负责人签字			日期	

3. 员工个人发展计划D表

员工个人发展计划D表（员工培训计划）

（此表由员工所在部门负责人填写）

填写人姓名			部门	
员工要想达成的计划目标，需要公司提供的工作和培训机会，以及个人应付出的努力	业务工作			
	培训机会			
	个人应付出的努力			
员工签字			日期	
部门负责人签字			日期	
公司主管领导签字			日期	

第五部分　员工上年度工作总结

（四）用于确定员工培训需求

1. 培训需求分析

绩效评估结果可以揭示员工在知识、技能和能力方面的不足，企业根据这些信息确定员工的培训需求，为员工提供针对性的培训课程和学习资源，帮助员工提升能力、弥补短板，进而提高员工工作绩效。基于绩效评估的培训决策流程如图 5-29 所示。

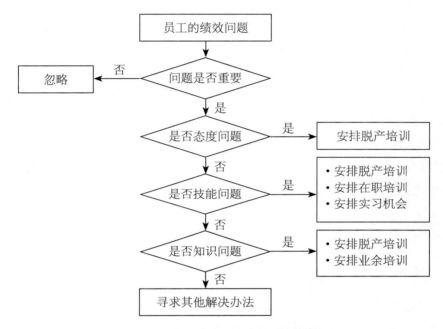

图 5-29　基于绩效评估的培训决策流程

企业在分析绩效评估结果的基础上，找出出现绩效差距的问题与原因（是属于知识不足、能力欠缺，还是需要转变态度），进而拟订出有针对性的员工培训内容与方案。

2. 培训效果评估

将培训前后的绩效评估结果进行对比，能够评估培训的效果。如果员工在参加培训后的绩效有明显提升，说明培训内容和方式是有效的；反之，则需要对培训进行反思和改进，为今后的培训工作提供参考。

（五）激励与反馈

1. 激励措施制定

除了物质奖励，绩效评估结果还可用于制定非物质激励措施。比如，对绩效优秀的员工给予公开表扬、颁发荣誉证书、授予特殊称号等，满足员工的精神需求，增强员工的成就感和归属感。

2. 绩效反馈与沟通

绩效评估结果是与员工进行绩效反馈和沟通的重要内容。管理者通过与员工讨论评估结果，肯定员工的成绩，指出存在的问题和不足，提出改进建议和期望，帮助员工明确工作方向，促进员工个人成长和绩效提升。

（六）团队建设与组织发展

1. 团队优化

通过分析团队成员的绩效评估结果，了解团队成员的优势和劣势，发现团队在协作、沟通等方面存在的问题，进而对团队进行优化和调整，合理分配工作任务，提高团队整体绩效。

2. 组织决策依据

企业高层可以通过对全体员工绩效评估结果的分析，了解组织的人力资源状况，发现组织在战略执行、流程设计、管理方式等方面存在的问题，为组织的战略调整、制度完善、流程优化等提供决策依据。

第6章

薪酬福利，构建人才
激励体系

薪酬福利管理在人力资源管理体系中有着重要地位，同时也是企业高层管理者和员工最为关注的内容。合理有效的薪酬福利体系，不仅能激发员工的积极性和主动性，而且能在人才竞争激烈的状况下吸引和保留一支素质良好且具有竞争力的队伍。

第一节　薪酬体系结构设计，打造竞争力

一、慎选设计策略，让薪酬更具吸引力

薪酬总额的多少，与能否留住人员有关；而薪酬结构如何，与能否激励人员有关。什么样的薪酬结构才有激励性呢？表6-1所示的是企业在不同的发展阶段设计薪酬体系的策略表。

表6-1　企业不同发展阶段的薪酬策略表

企业发展阶段	基本薪资	奖金	福利
初创期	低	高	低
成长期	具有竞争力	高	低
成熟期	具有竞争力	具有竞争力	具有竞争力
稳定期	高	低	高
衰退期	高	无	高
更新期	具有竞争力	高	低

二、剖析体系结构，优化薪酬组成部分

科学的薪酬设计体系是保证薪酬公平性的基础。薪酬体系设计的科学性主要体现在薪酬体系设计与企业发展战略的结合上，这样可以使收入分配向对企业的战略发展做出突出贡献的员工倾斜，以达成企业的战略目标。一个完整的薪酬体系结构如图6-1所示。

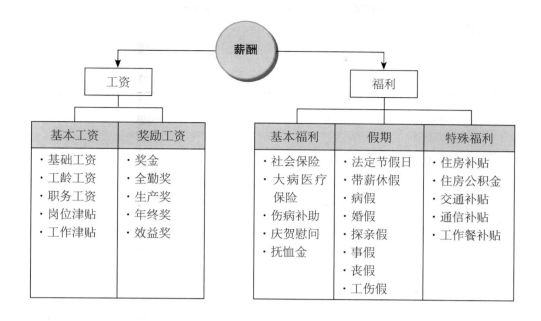

图 6-1　薪酬体系的结构

三、选择基本模式，适配企业发展需求

企业的薪酬体系由多部分构成，其中主要有基本工资、奖励工资、成就工资、福利等，这些不同的薪酬组成部分具有不同的刚性和差异性。薪酬模式是将上述四部分按不同比例组合在一起。从目前的实践结果来看，主要有以下三种基本模式，见表6-2。

表 6-2　薪酬体系设计的基本模式

序号	类别	具体说明
1	高弹性型薪酬模式	高弹性型薪酬模式是一种激励性很强的薪酬模式。绩效薪酬是薪酬模式的主要组成部分，基本薪酬处于非常次要的地位，所占的比重非常低。这种模式的薪酬结构中固定的比例非常低，而浮动的比例非常高。若采用这种薪酬模式，当员工绩效非常优秀时，他的薪酬则非常高；当绩效非常差时，他的薪酬则非常低。这种模式的激励性强，但员工的安全感差
2	高稳定型薪酬模式	高稳定型薪酬模式是一种稳定性很强的薪酬模式。基本薪酬是薪酬结构的主要组成部分，绩效薪酬处于非常次要的地位，所占比重非常低。这种模式的薪酬结构中固定的比例非常高，而浮动的比例非常低。采用这种薪酬模式时，员工的收入非常稳定，比较容易获得全额的薪酬，但缺乏激励作用
3	调和型薪酬模式	调和型薪酬模式是一种既具有激励性又具有稳定性的薪酬模式，绩效薪酬和基本薪酬各占一定比例。这种模式既可以转化为以激励为主的薪酬模式，也可以转化为以稳定为主的薪酬模式

四、参考设计模型示例，创新薪酬设计思路

在企业决定采用哪种计薪模式之前，应明确该策略的意义是什么以及需要达成的目标是什么，同时还要考虑对薪酬总额的控制。以下是几种常见的薪酬模型，企业在进行薪酬设计时可以参考。

（一）销售人员薪酬设计模型

销售人员有别于一般管理人员和生产人员，他们工作时间自由、开放度大，薪酬以市场为导向，很难以上班时间的长短来计算。销售人员的薪酬一般是以销售业绩来衡量的，每天、每月、每季度的销售量清楚地反映了销售人员工作业绩的好坏。

销售人员的薪酬设计模型较简单，基于这种模型，不同企业可以有不同的选择。常见的销售人员的薪酬设计模型包括以下五种：纯基本工资制、"基本工资＋奖金"制、"基本工资＋业务提成"制、"基本工资＋业务提成＋奖金"制、纯业务提成制，见表6-3。

表6-3　销售人员的薪酬设计模型

模式	底薪	业务提成	奖金	福利	缺点	优点
纯基本工资制	A	0	0	C	完全没有激励性	员工收入稳定
"基本工资＋奖金"制	A	0	B	C	激励性不强	员工收入稳定且有一定的激励性
"基本工资＋业务提成"制	A	业务量 $\times N\%$	0	C	——	员工收入稳定且有较强的激励性
"基本工资＋业务提成＋奖金"制	A	业务量 $\times N\%$	B	C	——	员工收入稳定且有较强的激励性，员工有归属感
纯业务提成制	0	业务量 $\times N\%$	0	C	员工收入没有保障	激励性非常强

（二）生产人员的薪酬设计模型

生产人员的薪酬设计模型通常包括计时制、计件制及计效制。计时制又可分为简单计时制和差别计时制，计件制也可分为简单计件制和差别计件制，见表6-4。

表6-4　生产人员的薪酬设计模型

序号	模型	说明
1	简单计时制	月薪（或工作天数×日薪）
2	差别计时制	工作天数×日薪+加班小时数×时薪
3	简单计件制	生产数量×产品生产单价
4	差别计件制	标准产量×产品生产单价1+超额产量×产品生产单价2
5	计效制	完成标准产量部分的基本薪酬+超额奖金

（三）管理人员的薪酬设计模型

大多数企业管理人员的薪酬设计模型都具有挑战性和战略性。通常，对高级管理人员（如决策者、职业经理人、高级经理等）实行在高难度经营目标基础上的高额"年薪"制，而对一般管理人员实行在业绩评价基础上的"月薪"制。

年薪制与月薪制相比，更能体现高级管理人员的经营管理能力和价值，是当今人力资源商品化、管理人才凸显价值的一种发展趋势。

（四）技术人员的薪酬设计模型

技术人员，是指企业内部根据工作需要，选择那些有资质、有能力并安排他们到特定技术岗位工作的人员（如研发工程师、品质工程师、网络工程师等）。通常对技术人员薪酬设计模型的设计方法有两种：第一种是以职称高低为主要依据的"职称评定法"，第二种是以内部层级为主要依据的"评聘分离法"。

第二节　薪酬日常管理，保障薪酬发放合理有序

薪酬日常管理是由薪酬预算、薪酬支付和薪酬调整组成的工作，这个工作可以称为"薪酬成本管理循环"。薪酬体系建立起来后，企业应密切关注薪酬日常管理工作中存在的问题，及时调整公司的薪酬策略，调整薪酬水平、薪酬结构，以实现公平、合法的薪酬目标，从而保证公司实现发展战略。

一、精准薪酬预算，控制人力成本

薪酬预算，是指企业管理者在薪酬管理工作中进行的关于用人成本方面的权衡和取舍。

（一）薪酬预算的考虑因素

薪酬预算既属于人力资源部的工作，也在财务部门的管辖范围内，这就决定了企业在制定薪酬预算时需要考虑多方面的因素，主要包括内外两个部分。

1. 内部环境分析

内部环境分析是指企业对自身薪酬支付能力、薪酬策略、薪酬结构、人员流动情况、招聘计划、晋升计划、薪酬满意度等要素的了解程度，具体如图6-2所示。

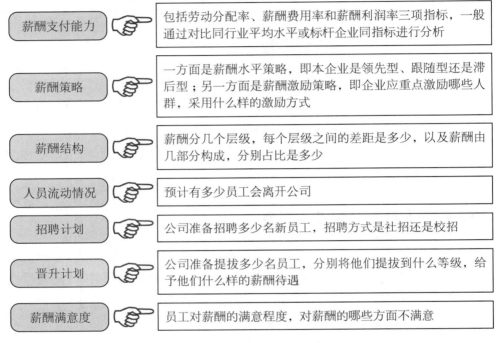

图6-2　内部环境分析要素

2. 外部环境分析

外部环境分析是指企业对市场用人情况、市场薪酬水平、市场薪酬变化趋势、标杆企业或竞争对手的薪酬支付水平等方面的了解程度，具体如图6-3所示。

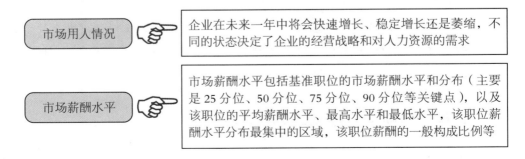

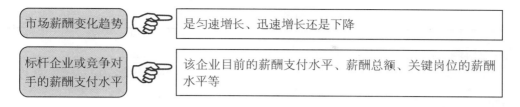

图6-3　外部环境分析要素

（二）预算确定的步骤

企业确定薪酬预算的步骤如图6-4所示。

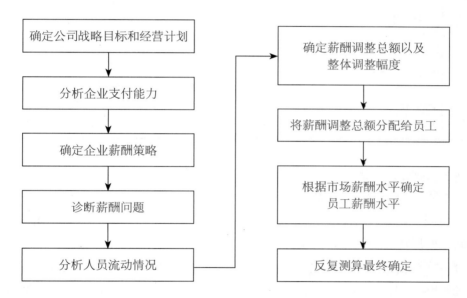

图6-4　确定薪酬预算的步骤

1. 确定公司战略目标和经营计划

首先，企业需要确定明年的经营战略是快速扩张、适当收缩、稳步增长还是转换领域，这决定了企业对人力资源的需求，同时也会影响到企业薪酬预算总额。

其次，企业要确定明年的经营目标，如收入、利润、产值等指标，这些指标是决定薪酬总额的基础。如果有可能，人力资源部可以将经营目标分为基础目标、努力目标和最低目标，分别计算对应的薪酬总额。

最后，企业应该确定明年的组织结构、岗位设置，因为组织结构的变动既会影响到企业的员工人数，也会带来员工岗位工资的变动。

2. 分析企业支付能力

衡量企业支付能力的指标有三种，如表6-5所示。

表6-5 衡量企业支付能力的指标

指标	计算公式	指标说明
薪酬费用率	薪酬费用率＝薪酬总额/销售额	由公式可以看出，如果企业的销售额较大，薪酬总额就应相对增加，因此企业的支付能力会比较强；如果销售业绩不好，就应相应减少薪酬总额。人力资源部可以根据过去的经营业绩计算薪酬费用率，再根据这个比率和明年预期销售额，算出合理的薪酬总额
劳动分配率	劳动分配率＝薪酬总额/附加价值	其中：附加价值＝销售额－从外部购入价值（物料＋外包加工费用） 根据劳动分配率可以算出合理的薪酬费用率，公式如下： 薪酬费用率＝薪酬总额/销售额 ＝（附加价值/销售额）×（薪酬总额/附加价值） ＝目标附加价值率×目标劳动分配率
薪酬利润率	薪酬利润率＝（利润总额/薪酬总额）×100%	该指标表明，企业每支付一单位的薪酬将会创造多少利润。在同行业中，企业的薪酬利润率越高，表明单位薪酬取得的经济效益越好，即人工成本相对越低，薪酬提升的空间也就越大

3. 确定企业薪酬策略

薪酬策略是指企业综合分析了经营目标、企业文化和外部环境后制定的薪酬管理指导原则。它强调的是，相对于同等规模的竞争性企业，本企业薪酬支付的标准和差异。薪酬策略既要反映企业的战略需求，又要满足员工的期望。

薪酬策略包括薪酬水平策略，即明确企业属于领先型、跟随型还是滞后型；还包括薪酬激励策略，即企业应重点激励哪些人群，采用什么样的激励方式；也包括薪酬结构策略，即薪酬应由哪些部分构成，各占多大比例，薪酬分为多少个层级，各层级之间的关系如何。

4. 诊断薪酬问题

人力资源部对薪酬的诊断可以从一些指标和数据入手，包括薪资均衡指标、递进系数、重叠度和幅宽等。

5. 分析人员流动情况

分析人员流动情况实际上是人力资源部预测人力资源需求和供给情况，主要包括预测总人数、有多少名员工被提拔到上一层级、新增加多少名员工、有多少名员工离职等。

6. 确定薪酬调整总额以及整体调整幅度

人力资源部确定薪酬调整总额的步骤如图6-5所示。

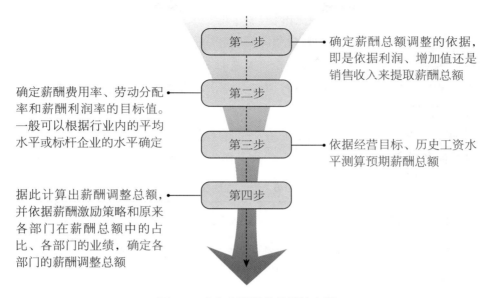

图6-5　确定薪酬调整总额的步骤

　　人力资源部还应该考虑到不同的薪酬模式带来的薪酬差异，如生产系统依据生产数量发放计件薪酬，销售系统依据业绩发放提成薪酬，高管依据年度业绩发放年薪等。同时，人力资源部应当预留出部分费用作为年底奖金或调节薪酬使用。

7. 将薪酬调整总额分配给员工

　　人力资源部需要事先确定分析规则，如依据资历调整薪酬，依据绩效调整薪酬等。为了激励员工努力工作，创造出更好的业绩，人力资源部应当考虑依据业绩调薪，即绩效调薪。

　　绩效调薪是指人力资源部根据员工的绩效考核结果调整其基本薪酬，调薪周期一般是一年调一次薪酬。绩效调薪时需要考虑图6-6两个因素。

员工绩效水平的高低	员工薪酬在企业工资范围内所处的位置
绩效水平越高，调薪幅度就应该越大，绩效平平的员工不应该获得绩效提薪，对绩效水平差的员工应下调其基础工资	如果该员工的报酬已经处于企业工资范围的上端，为了降低企业的成本风险，其绩效调薪的量就应该比处于工资范围下端而绩效结果与之相同的员工要低

图6-6　绩效调薪需考虑的因素

8. 根据市场薪酬水平确定员工薪酬水平

人力资源部需要根据市场薪酬水平和薪酬策略确定员工的薪酬水平。

例如，外部市场薪酬调研结果显示，A 岗位的薪酬水平在过去一年中上涨了 20%，因此企业原定的薪酬水平已经不具备外部吸引力，人力资源部必须做出薪酬调整。

9. 反复测算最终确定

不同测算方法得到的数值肯定会存在一定的差异，人力资源部需要反复测算、不断调整，最终使各种方法测算的数据趋于一致，作为最终的薪酬预算，如表6-6所示。

表6-6 测算方法说明

测算方法	自上而下法	自下而上法
操作步骤	先由决策者决定企业的薪酬预算总额和加薪的幅度，然后将预算总额分配到各个部门，各个部门再将预算额度分配到每一位员工	先估算各部门、各岗位的薪酬总数，再进行汇总，编制出整体薪酬预算
主要优点	易于控制薪酬成本	灵活性高，因接近实际所以员工容易满意
主要缺点	预算缺乏灵活性，不利于调动员工的积极性	不利于控制薪酬成本

二、规范工资支付，确保员工权益

工资支付，就是发放工资，主要包括工资支付项目、工资支付形式、工资支付对象、工资支付要求以及特殊情况工资支付等。

（一）工资支付项目

工资支付项目，一般包括计时工资、计件工资、奖金、津贴和补贴、加班工资以及特殊情况下支付的工资。图6-7所示员工收入不属于工资范围。

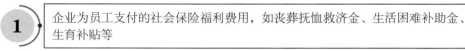

1 企业为员工支付的社会保险福利费用，如丧葬抚恤救济金、生活困难补助金、生育补贴等

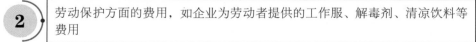

2 劳动保护方面的费用，如企业为劳动者提供的工作服、解毒剂、清凉饮料等费用

3 按规定未列入工资总额的各种劳动报酬及其他劳动收入，如根据国家规定发放的创造发明奖、国家星火奖、自然科学奖、科学技术进步奖、合理化建议和技术改进奖、中华技能大奖等，以及稿费、讲课费、翻译费等

图6-7 不属于工资范围的收入

（二）工资支付形式

我国法律明确规定，企业应当以货币形式按月向员工支付工资，不得用实物或有价证券代替。

（三）工资支付时间

用人单位应按照约定的日期向劳动者支付工资，如遇节假日或休息日，应提前在最近的工作日支付。企业至少每月支付一次工资，对于实行小时工资制和周工资制的人员，也可以按日或周发放工资。对完成一次性临时劳动或某项具体工作的劳动者，用人单位应按有关协议或合同规定在其完成工作后即支付工资。

（四）工资支付对象

企业应将工资支付给员工本人。若员工因故不能领取工资，可由其亲属或委托人代领。企业必须书面记录向员工支付工资的数额、时间、领取者的姓名以及签字，并保存两年以上备查。人力资源部应向员工提供一份其个人的工资清单。

（五）工资支付要求

我国法律明确规定，企业不得克扣或无故拖欠员工工资，但以下情况除外，如表6-7所示。

表6-7　例外情况

情形	举例说明
可以代扣员工工资的情形	（1）企业代扣代缴的个人所得税 （2）企业代扣代缴的应由员工个人承担的各项社会保险费用 （3）法院判决、裁定中要求企业代扣的抚养费、赡养费 （4）法规规定可以从员工工资中扣除的其他费用 （5）按劳动合同的约定要求员工赔偿的经济损失
不属于"克扣"的减发工资的情况	（1）国家法律明确规定的 （2）企业与个人依法签订的劳动合同中有明确规定的 （3）企业依法制定并经职代会批准的厂规厂纪中有明确规定的 （4）企业工资总额与经济效益相关，经济效益下调时，工资必须下调的（但支付给员工的工资不得低于当地的最低工资标准） （5）因劳动者请事假等情况相应减发工资
不属于无故拖欠的情况	（1）企业遇到自然灾害、战争等不可控因素时，无法按时支付工资 （2）企业确因生产经营困难导致资金周转受到影响，在征得本企业工会同意后，可延缓支付劳动者工资，延期时间遵照各省市劳动行政部门的相关规定执行

（六）参加社会活动、休假和停工期间的工资支付

员工在法定休假日和婚丧假期间以及依法参加社会活动期间，用人单位应当依法向其支付工资。

三、科学奖金管理，激发员工积极性

（一）奖金的类型

按照不同情况，奖金可分为三类，如表6-8所示。

表6-8　奖金的类型

序号	分类方法	细类
1	按奖励周期和奖励次数区分	（1）月度奖 （2）季度奖 （3）年度奖 （4）一次性奖励 （5）经常性奖励
2	按计奖单位区分	（1）个人奖 （2）以班组、车间、科室等为单位的集体奖
3	按奖励条件的考核项目区分	（1）单项奖，如质量奖、节约奖、新产品试制奖等，以生产、工作中的某一指标作为计奖条件，其特点是只对劳动成果中的某一方面进行考核 （2）综合奖，以多项考核指标作为计奖条件，其特点是对员工的劳动贡献和工作业绩的各个方面进行全面评价，统一计奖

（二）奖金制度的制定

为了正确制定奖金制度，企业要做到：奖金的发放要符合奖金的性质，必须只与员工超额劳动的成果挂钩，必须切实贯彻多超多奖、少超少奖、不超不奖的奖金分配原则，坚决杜绝平均主义。根据上述要求，企业在制定奖金制度时要做好以下工作。

1. 确定奖励的项目

根据本企业的生产需要确定奖励的项目。例如，产品质量是某企业的生命线，为此，该企业可设立质量奖，并划分为以下奖励项目，如图6-8所示。

图6-8中的这些项目既可以作为单项奖的参考指标，也可以在汇总后作为综合奖的评价指标，企业可以根据需要确定。

刺激员工超额生产的奖励项目

通过测评产品数量、产品质量、销售、利润等指标决定奖金分配

约束员工节约成本、减少消耗的奖励项目

如根据原材料消耗、劳动纪律遵守情况、操作规程执行情况、客户投诉率等指标决定奖金分配

体现部门性质的奖励条件和奖励指标

例如，生产部门主要以产量和质量以及原材料消耗等作为奖励条件；销售部门主要以销售量和销售收入作为奖励重点；服务部门主要以上岗情况和服务质量作为奖励依据

图6-8　奖励的项目

2. 确定奖励条件的原则

奖励条件即奖金的发放标准，一般是指特定奖项要求的超额贡献的数量和质量标准。奖励条件的确立原则如图6-9所示，表6-9是企业常用的奖励指标和奖励条件。

原则一	与员工的超额贡献紧密结合，坚持多超多奖、少超少奖、不超不奖的原则
原则二	对员工不同性质的超额贡献应采用不同的评价指标和奖励方式，正确反映各类员工创造的超额贡献的价值
原则三	将奖励的重点放在与企业经济效益有关的生产环节和工作岗位，以实现提高效益、降低成本的目的
原则四	奖励要公平合理、明确具体、便于计量

图6-9　奖励条件的确立原则

表6-9　企业常用的奖励指标与奖励条件

部门	奖励指标	奖励条件
生产部门	产量或工作量	超出目标量的部分，按比例计奖
	产品质量	制定合格率、优良率，超标则计奖
	产品投入产出	制定产出量与投入量的比值，超标则计奖
	原材料消耗	核算单位产品消耗、允许损耗，从节约值中计奖
	利润	若超出生产利润指标，可从超值中计奖

部门	奖励指标	奖励条件
生产部门	劳动纪律	可设全勤奖
	操作规程	若员工全月无违规，可计奖，如安全奖
	客户投诉	全月投诉数量在规定范围内可计奖
	交办事项	制定完成时效、质量，合格则可计奖
	其他	工作环境、出勤率、服务满意程度等
销售部门	销售或订货	单位时间内完成销售量或订货量可计奖
	货款回收	在限期内货款的回收率合格则可计奖
	毛利率	核算产品定价与成本比率合格则可计奖
	其他	客户跟踪、档案管理等
服务部门	所属部门效率	按所属部门平均奖金的一定比率计奖
	部门特定指标	如盘库误差率、维修及时率、故障率、保养费支出等
	其他	出勤、用户投诉等

3. 确定奖励形式和计奖办法

根据生产需要，企业从奖励项目的特点和奖励条件的要求出发，确定奖励形式和计奖办法。具体做法是，按照计奖条件规定的奖励指标确定是采取综合奖的形式，还是单项奖的形式；对其中能进行个人考核的，可确定为个人计奖形式，对只能进行集体考核的，则采取集体计奖形式。

一般来说，综合奖多为按月或按季度考核计奖，并大多实行记分计奖办法；单项奖有的按月、季度、年度考核计奖，有的是一次性奖励；有的采取记分计奖办法，有的采取按绝对数计发奖金等办法。

企业可以根据自身的实际情况和需要自行制定并及时改进奖励形式和计奖办法。

4. 确定奖励周期

奖励周期是指奖金核算、支付的时间单位。奖励周期的确定应视奖励指标的性质和工作需要选择，要点如图6-10所示。

| 为持续、有规律的生产设置的产量奖、质量奖等，可以以月、季度等为时间单位 | 与经济效益和社会效益有关的奖励，可采取年终奖的形式 | 对紧急、临时性的贡献，则采取一次性奖励的方式 |

图6-10 奖励周期的确定要点

5. 确定奖励范围和奖金标准

企业按照与奖励指标有直接联系的职工人数确定奖励范围，然后在奖金总额范围内，根据各项奖励的重要性、完成奖励条件的难易程度和计奖人数的多少，合理确定各项奖金分别占企业奖金总额（或效益工资基金中用于奖金的部分）的比例。

一般来说，对企业生产影响最大且计奖人数多的奖励项目，其奖金额占企业奖金的比例就大，反之则小。

企业按照规定的比例分别计算出各项奖金数额后，再根据分级分配的有关办法，将各项奖金数额分配到各部门，然后根据各项奖励的不同计奖办法计算出奖金标准。在规定具体的奖金标准时，人力资源部应注意图6-11所示的三个要点。

要点一	对于主要工种和超额完成任务比较困难的工种，应当规定较高的奖金标准
要点二	对于辅助工种和超额完成任务比较容易的工种，奖金标准就要低一些
要点三	在一般情况下，工人的奖金标准可以高于一般管理人员；从事重体力劳动的工人的奖金标准应当高于从事轻便劳动的工人；由于企业经营者的工作好坏直接关系到本单位劳动成果的大小，因此，他们的奖金应该明显高于普通员工，但也不能太高，以保证奖金分配的公平性

图6-11　规定具体的奖金标准时的要点

（三）奖金的日常管理工作

奖金的日常管理工作包括图6-12所示四个方面。

| 内容一 | **按照国家规定提取企业奖金总额（奖励基金）** |

企业奖金的来源取决于国家与企业在工资分配方面的关系。实行工资总额与经济效益挂钩的企业，其奖金来自效益工资；未挂钩的企业，其奖金来自企业留利中按规定比例提取的奖励基金。此外，国家还规定了几种奖金，如原材料或燃料节约奖等，根据规定，从节约价值中按一定比例提取的奖金可以列入成本

| 内容二 | **检查奖金制度的执行情况** |

企业应严格按照奖金制度执行，企业人力资源部应经常检查奖金制度的执行情况，并按企业的有关规定审核企业内部的奖金额，防止出现滥发奖金的现象

图6-12

内容三　与员工沟通奖金

对于企业中暴露出来的与奖金发放有关的思想问题，人力资源部要进行细致的解释和说服教育，杜绝那种"事事要奖，奖多多干，奖少少干，无奖不干"的不良风气，让奖金发挥出真正的激励作用

内容四　不断修改和完善现行奖金制度

人力资源部要及时收集、了解奖金制度执行过程中出现的问题，分析其原因，并采取相应的补救措施；同时，随着生产的发展，人力资源部要对奖金制度提出修改意见，根据工作中新的需要和企业经济效益增长等情况，相应地调整奖励条件、奖励范围和奖励期限等，真正发挥奖金制度的作用

图 6-12　奖金的日常管理工作

四、合理控制加班，避免成本浪费

（一）加班的条件

根据《中华人民共和国劳动法》（以下简称《劳动法》）的有关规定，加班是指用人单位由于生产经营需要，经与工会和劳动者协商后，安排劳动者在法定工作时间以外工作。

1. 加班的限制

为了保护员工的休息权，《劳动法》第三十六条规定劳动者每日工作时间不超过8小时、平均每周工作时间不超过44小时。同时，《劳动法》第四十一条对加班进行了严格的限制，如图6-13所示。

用人单位由于生产经营需要，经与工会和劳动者协商后可以延长工作时间，一般每日不得超过1小时

因特殊原因需要延长工作时间的，在保障劳动者身体健康的条件下延长工作时间，每日不得超过3小时，但是每月不得超过36小时

图 6-13　加班的限制情形

2. 不受加班规定限制的情况

《劳动法》第四十二条规定，有图6-14所列情形之一的，延长工作时间不受第四十一条的限制。

1 发生自然灾害、事故或者因其他原因，威胁劳动者生命健康和财产安全，需要紧急处理的

2 生产设备、交通运输线路、公共设施发生故障，影响生产和公众利益，必须及时抢修的

3 法律、行政法规规定的其他情形，如必须利用法定节日或公休假日的停产期间进行设备检修、保养的

4 为完成国防紧急任务，或者完成上级在国家计划外安排的其他紧急生产任务，以及商业、供销企业在旺季时的生产任务

图 6-14　不受加班规定限制的情况

（二）加班工资的计算

1. 有关加班工资的规定

休息日加班后，企业可以先安排补休，如果无法安排补休，企业应向员工支付不低于工资 200％ 的加班费。换句话说，双休日加班后，是安排补休还是支付加班费，决定权在企业，员工没有选择权。按照有关法律的规定，只有工作日晚上的加班和法定假日的加班，用人单位必须向员工支付加班工资。

《劳动法》第四十四条规定，有图 6-15 所列情形之一的，用人单位应当按照下列标准支付高于劳动者正常工作时间工资的工资报酬。

情形一 安排劳动者延长工作时间的，支付不低于工资的 150% 的工资报酬

情形二 法定休假日安排劳动者工作又不能安排补休的，支付不低于工资的 200% 的工资报酬

情形三 休息日安排劳动者工作的，支付不低于工资的 300% 工资报酬

图 6-15　支付高于劳动者正常工作时间工资的工资报酬的情形

2. 计算加班工资的基数

计算加班工资的基数不一定是劳动者的全部工资。在确定加班工资的计算基数时分图 6-16 所示两种情况。如果计算得出的加班工资基数低于最低工资，则要按最低工资计算。

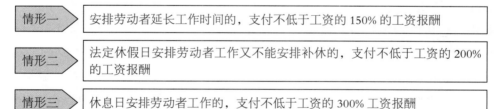

劳动合同中对工资有约定的，按不低于劳动合同约定的劳动者本人所在岗位相对应的工资标准确定

1　2

劳动合同中没有约定的，可由用人单位与员工代表协商明确

图 6-16　计算加班工资的基数

3. 计算加班工资

加班工资（也称加班费）具体计算公式如表6-10所示。

表6-10　加班费的核算方法

第一种，按日工资计算	节假日加班工资＝加班工资的计算基数÷20.92×300% 休息日加班工资＝加班工资的计算基数÷20.92×200% 工作日加点工资＝加班工资的计算基数÷20.92×150%
第二种，按小时工资计算	节假日加班工资＝加班工资的计算基数÷167.4×300% 休息日加班工资＝加班工资的计算基数÷167.4×200% 工作日加点工资＝加班工资的计算基数÷167.4×150%

（三）控制加班费的方法

控制加班费的方法如图6-17所示。

图6-17　控制加班费的方法

1. 制定加班管理制度并让员工确认

加班管理制度是单位用工制度的重要组成部分，企业可以将加班管理制度约定在劳动合同中，也可以根据自身情况将加班管理制度规定在《员工手册》或企业的规章制度中。

如果企业将加班管理制度约定在《员工手册》或规章制度中，则必须张贴公示并注意保留证据，否则可能会给企业带来很多麻烦。因为根据规定，企业的规章制度只有向劳动者公示了才可以作为定案的依据。

2. 严格界定加班情形

为提倡员工高效率地工作，能在正常工作时间内完成的工作坚决不拖延，所以企业必须对加班情况进行界定，加班情形包括图6-18所示几种。

情形一　非主观原因（即设备故障、临时穿插了其他紧急工作等）导致的不能在原定计划时间内完成又必须在原定计划时间内完成的（如出现紧急插单，而原订单也必须按期完成的情形）工作

情形二　临时增加的工作必须在某个既定时间内完成（如参加展会）

情形三	某些必须在正常工作时间之外也要连续进行的工作（如抢修设备）
情形四	某些限定时间且期限较短的工作（如仓库盘点）
情形五	公司安排的其他加班工作

图6-18　加班情形

3. 加班申请与审批

任何计划加班的部门和员工必须在事前履行申请与审批手续（如有特殊情况事前来不及办理，也要事后补批，同时有证明人签字）。

4. 确定加班费的核算基础，降低加班费"单价"

加班费的多少，一方面取决于加班的时间，另一方面取决于加班费核算的基础，加班费核算的基础不同，加班费总额则不一样。为了有效控制加班成本，人力资源部可对员工的工资结构进行设计，一部分为岗位（技能）工资，一部分为绩效工资。岗位（技能）工资随岗位（技能）的差别不同，但是固定的；绩效工资随个人业绩不同而变化，是浮动的。由于绩效工资体现的是绩效水平的差别，属于绩效奖金的性质，所以，人力资源部不能据此计算加班费，只能以固定的岗位（技能）工资为基础进行计算，这样加班费核算的基础变少了，加班成本就得到了有效控制。

以某工厂车间主任为例，他的岗位工资是3500元／月，绩效工资在考核系数为1时为1200元／月，那么人力资源部在计算加班费时就应以3500元／月为基数，而不是4700元／月。

5. 监督检查，杜绝虚假加班

企业在充分相信员工的自觉性的同时，还应加强对员工的加班管理。具体可以由人力资源部不定期地深入加班现场了解加班的进展情况，监督员工在加班期间的工作效率，一旦发现有加班之名而无加班之实的员工应马上进行处罚，并通报全公司，以儆效尤。

五、规范薪酬调整，激励员工成长

企业要妥善运用薪酬激励这个工具，在调整薪酬时做到公开、公正、公平，这样才能促进企业发展。

（一）企业调薪的形式

企业调薪中的加薪主要有如图6-19所示的两种形式。

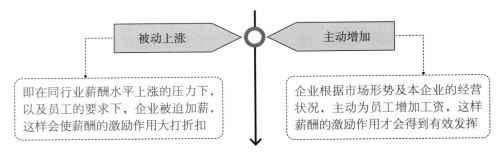

图6-19　加薪的两种形式

（二）企业调薪的种类

一般说来，企业在如图6-20所示的五种状况下可能会调升员工的薪资。

图6-20　调薪的种类

1. 年度调薪

大多数企业会在年度的某个固定月份进行例行性的年度调薪，此类调薪的目的是反映过去一年员工的绩效水平，激励员工在新的一年有更好的表现。

2. 特别调薪

为了使员工的薪资水平实现外部公平、内部公平及个别公平，特别调薪种类可细分为图6-21所示四种。

1	为达到外部市场薪资水平所做的调整（外部公平）
2	为了留住某一重要员工所做的调整（内部公平）
3	为符合同工同酬或最低工资标准的法律规定所做的调整（内部／外部公平）
4	为修正员工薪资水平低于薪资等级下限时所做的调整（个别公平）

图6-21　特别调薪的类别

小提示

除了出现紧急状况时可临时调薪外，一般说来特别调薪将随年度调薪一并进行。

3. 升等调薪

升等是因为员工的能力（如知识、技能）提升，已能胜任更高职等的工作，故公司予以升等。一般说来，升等具有图 6-22 所示三种特性。

特性一	职等提升，而职称未变。如一职等的工程师升为二职等的工程师，只有职等变动，仍维持工程师的职称
特性二	工作质量提升
特性三	升等多发生于基层与中层的员工，较少用于资深员工或管理层，因此职等越高，升等的要求就越高，升等的难度也就越大，所以每次升等间隔的时间也就越久

图 6-22　升等的三种特性

升等时通常会伴随着调薪，但通常只是调到高一个职等的薪资下限。在实际工作中，升等通常与功绩调薪合并处理，更能增加激励效果。

4. 晋升调薪

晋升与升等的不同之处在于，晋升属于双轨晋升制中主管轨的晋升路径。晋升是指将员工提升到主管或其他更重要的职务。晋升包含图 6-23 所示四种特性。

特性一	晋升不只是职等的提升，职等和职称同时发生改变，如三等工程师晋升为四职等的主任
特性二	工作内容发生大幅变动，多是员工承担了管理的职责
特性三	晋升通常是出现了员工异动或组织扩编
特性四	晋升的首要因素包括工作经验、工作绩效、所接受的教育训练等得以提升或丰富，年资反而是次要考虑因素

图 6-23　晋升的四种特性

晋升也会伴随着调薪，但调薪幅度通常随公司的薪资政策而定。晋升调薪属于特别预算范围，个案处理的情形较为常见，并不一定与年度调薪同步进行。

无论是升等调薪还是晋升调薪，企业均应按实际需要另行提取预算，不应占用功绩调薪的预算，否则将会失去激励效果。

5. 试用期满调薪

如果员工通过试用期的考核，就可以成为公司的正式员工，并享有正式员工的全部福利。通常在员工转正的同时，公司会给予其适度的调薪，一般为3% ～ 5%。

（三）年度调薪的基本思路

如何在人工成本和薪酬激励之间找到一个最佳的平衡点，是企业最关心的问题，以下三种调薪思路可供参考。

1. 根据薪酬调研结果调薪

薪酬调研报告至少可以提供图6-24所示三个调薪前提条件。

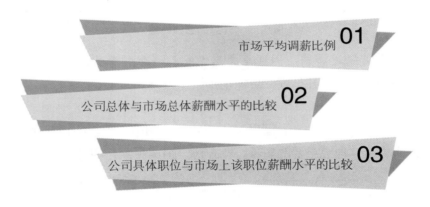

图6-24 调薪前提条件

根据薪酬调研结果进行调薪的主要目的是保持薪酬的外部公平性。有些公司总体薪酬与市场薪酬水平比对有明显的差距，就需要重新审计公司的薪酬结构。

2. 根据年度绩效评估结果和市场比对结果调薪

尽管年度调薪看重的是未来一年员工的潜力和价值，但人力资源部仍然可以根据员工过去一年的能力表现来预测该员工未来一年的价值。几种主要的情景和薪酬调整策略如表6-11所示。

根据年度绩效评估结果和市场比对结果调薪的主要目的是根据员工的业绩表现和发展潜力逐渐使薪酬水平和结构合理化，这是一种以业绩和能力为导向的薪酬文化，以使不同绩效和能力的员工薪酬达到内外部都公平的程度。

表 6-11　薪酬调整策略

情景		调薪策略
情景 1	个人绩效评估结果是 A 等或 B 等（优良），而个人薪酬与市场中位比在 80% 以下	快速提升其薪酬水平，否则人才可能会离职或被挖走
	个人薪酬与市场中位比在 80%～100%	可在 2～3 年内将该比例调整至 95%～100%
情景 2	个人绩效评估结果是 A 等或 B 等，个人薪酬与市场中位比在 100%～120%	应根据个人能力减缓调薪，对于有潜力的优秀人才应该帮助其成长以便晋升，或者扩大工作职责范围，使其享受更高一级的薪酬水平
情景 3	个人绩效评估等级是 C 等，个人薪酬与市场中位比在 80% 以下或 80%～100%	如果员工有提高绩效的潜力，应待其绩效提升后将该比例调整至 80% 以上或 95%～100%
	个人薪酬与市场中位比在 100% 以上	原则上要冻结调薪，同时鼓励员工学习新技能或者扩大工作职责范围
情景 4	个人绩效评估等级是 D 等或 E 等	原则上都要冻结调薪，并要求员工提高绩效水平，甚至需要进一步评估该员工是否适合该职位

3. 采用多元薪酬结构调薪

不同专业、不同层级的人才在市场上的供需情况不一样，因此，薪酬结构设计也应多样化。

定位清晰的调薪政策有助于企业留住关键岗位人员及优秀人才，而定位模糊的调薪政策则只会引发"劣币驱逐良币"的效应，引起关键岗位人员及优秀人才的不满，导致人才流失，最终削弱企业的市场竞争力。所以，人力资源部在制定调薪政策时，应考虑如何利用有限的资源达到最好的调薪效果，对于市场上相对紧缺的人才，应该给予一定的政策倾斜。

在实施多元化的调薪策略时，可设定不同的调薪类别，注明哪一类人员属于哪一类调薪，其类别设置如表 6-12 所示。

表 6-12　多元化的调薪策略

类别		适用范围
A 类	市场因素调薪	这类调薪的主要因素是市场竞争压力，主要适用于现时工资水平低于市场水平的关键岗位，如研发技术类人才或高级管理人才等；主要目的是保持此类岗位在薪资市场上的竞争力
B 类	绩效因素调薪	主要适用于以工作业绩衡量绩效水平的员工，如销售类人员或面向顾客的一线工作人员，通过将薪酬调整与员工的工作表现挂钩，旨在奖励先进、鞭策后进

续表

类别		适用范围
C 类	晋升调薪	主要适用于提升其职位或承担更重要职责的人员，将薪酬调整与员工的职位及管理职责挂钩
D 类	能力调薪	主要适用于企业认可的技能提升，如经过培训而提升的最新技能，其目的是激励员工提升专业水平及技能
E 类	工龄调薪	主要适用于后勤支持类人员，调薪幅度不大，主要目的是鼓励员工长期为企业服务

（四）年度调薪的具体操作步骤

在调薪工作中，人力资源部主要按如图 6-25 所示的步骤来操作年度调薪工作。

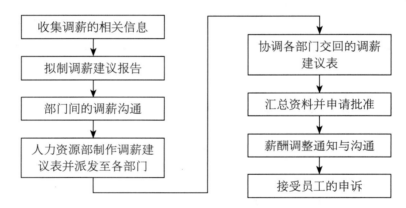

图6-25　年度调薪的具体操作步骤

1. 收集调薪的相关信息

（1）竞争对手的薪酬情况。

（2）当地的通货膨胀指数。

（3）当地的GDP增长率。

（4）当地的法规要求。

（5）当地的劳动力市场走势等。

2. 拟制调薪建议报告

（1）本年度的调薪策略。

（2）总体调薪的比例及金额，并附原因及分析报告。

（3）调薪前后的变化。

（4）调薪的成本。

（5）以往的调薪记录。

（6）具体调薪实施方案。

（7）调薪的时间进度表。

3. 部门间的调薪沟通

很多企业缺乏必要的调薪沟通机制。每年，当企业管理者确定调薪比例之后，就直接下发至各部门经理，由各部门经理填写相应的调薪数据。由于沟通不畅，这样的调薪方式会引发员工对调薪工作的不理解，产生抵触情绪。

根据企业文化的不同调薪沟通会有所不同。有的公司会将本年度的调薪理念向全体员工公布，而大多数的公司只是将其通知到各部门的经理层级。有效的调薪沟通可以增进员工对公司薪酬政策的理解和认同，从而产生积极的作用。

人力资源部应在高层管理的支持下，将以下调薪信息有效沟通至各部门的经理：

（1）公司的薪酬理念及政策。

（2）本年度的调薪政策。

（3）影响本次调薪的主要因素。

（4）调薪的流程。

（5）调薪工作中需注意的事项。

（6）为部门主管与员工沟通调薪提供必要的指导及培训等。

4. 人力资源部制作调薪建议表并派发至各部门

人力资源部制作的调薪建议表应包含以下信息，如表6-13所示。

表6-13　调薪建议表

员工基本薪酬信息
（1）姓名：
（2）服务公司年限：
（3）现任职位名称：
（4）何时调（升）任现职位：
（5）目前薪资情况：
（6）上次调薪时间：
（7）上次调薪幅度及金额：
（8）上年度绩效考评级别：
（9）本年度绩效考评级别：
员工本次调薪情况
（1）本次调薪类别：
（2）本次调薪岗位变动情况：
（3）本次调薪幅度（比例）：
（4）本次调薪金额：
（5）本次调薪生效日期：

续表

部门汇总的本次调薪信息
（1）按级别（员工类、主管类、经理类）划分的调薪信息（幅度、总金额、比例）： （2）按各职能（技术研发类、市场销售类、后勤支持类、生产营运类）划分的调薪信息（幅度、总金额、比例）：

5. 协调各部门交回的调薪建议表

通常，各部门交回的调薪建议表主要存在以下问题：

（1）超出公司预算中规定的幅度及比例。

（2）调薪建议未能反映员工所担任的职位的重要性。

（3）调薪建议未能反映员工的工作表现。

（4）以工龄来代替绩效表现。

（5）未能参考人才市场的供求情况，对难招聘的职位给予符合市场预期的薪金调整。

（6）以"平均主义"为原则调薪，未能合理拉开差距。

对于以上问题，人力资源部除了在调薪沟通时给予各部门经理必要的指导外，更要在审查各部门交回的"调薪建议表"时进行必要的协调，以确保调薪的公平性和合理性。

6. 汇总资料并申请批准

人力资源部汇总各项资料并报请企业管理者批准，如表6-14所示。

表6-14　薪资核定表

员工姓名		年龄		工作编号		
部门		职务		入职时间	年　月　日	
调薪原因	□年度调薪　□调职调薪　□晋升调薪　□试用合格调薪　□特殊调薪　□评优评先					
调薪时间	调薪原因	调整部分	调整前	调整后	职务	次
备注（相关意见）：						
总经理签字			人力资源部经理签字			
总经理签字			人力资源部经理签字			
总经理签字			人力资源部经理签字			

填表说明：本表格用于员工调薪记录，由人力资源部建立在员工档案里作为员工调薪依据。

7. 薪酬调整通知与沟通

调薪后，人力资源部应更新员工人事档案资料，制作"个人薪金变动表"（见表6-15），通知部门主管及个人。

表6-15　个人薪金变动表

员工姓名：　　　　　　入职日期：＿＿年＿月＿日　　　　　生效日期：＿＿年＿月＿日
□实习试用　　□定薪　　□转正
□岗位调动　　□晋升　　□特批
□其他原因（可附页说明）：

项目	调整前（或试用期）	调整后（或试用转正后）	备注
职务／岗位			
基本工资			
岗位绩效工资			
学历工资			
职称工资			
加班工资			
全勤工资			
工龄补贴			
各种福利			
各类保险			
年终效益奖			
股权激励、分红			

本人确认：　　　　　　　　　　　　分管领导审核：
人力资源总监审核：　　　　　　　　总经理（董事长）审批：

8. 接受员工的申诉

正式调薪后，企业可为员工设置专门的申诉渠道，接受员工有关薪酬方面的投诉。对于关键岗位员工或优秀人才的投诉，人力资源部应特别留意，并作出积极妥善的安排，以免造成人才流失。

（五）调薪后与员工的沟通

1. 调薪沟通的形式

调薪沟通可分为全员沟通和个别沟通两大类，全员沟通多是由总经理与人力资源部负责，总经理负责传达奖酬策略与理念，人力资源部负责说明调薪流程及操作细节，如公司是如何对自身的薪酬水平进行市场定位的。

2. 调薪沟通的内容

在进行调薪沟通时，企业应将图6-26所示事项传达给员工。

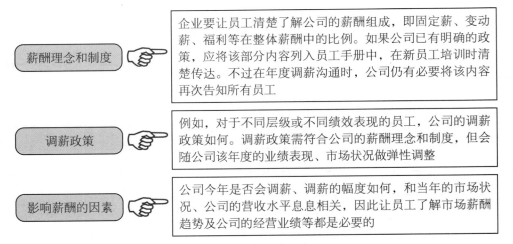

薪酬理念和制度	企业要让员工清楚了解公司的薪酬组成，即固定薪、变动薪、福利等在整体薪酬中的比例。如果公司已有明确的政策，应将该部分内容列入员工手册中，在新员工培训时清楚传达。不过在年度调薪沟通时，公司仍有必要将该内容再次告知所有员工
调薪政策	例如，对于不同层级或不同绩效表现的员工，公司的调薪政策如何。调薪政策需符合公司的薪酬理念和制度，但会随公司该年度的业绩表现、市场状况做弹性调整
影响薪酬的因素	公司今年是否会调薪、调薪的幅度如何，和当年的市场状况、公司的营收水平息息相关，因此让员工了解市场薪酬趋势及公司的经营业绩等都是必要的

图6-26 调薪沟通的事项

3. 部门主管与员工沟通的技巧

部门主管在将"薪金变动通知信"发给员工时，应与员工进行必要的沟通，向其详细解释公司的薪酬政策及理念，让每位员工知道，公司会鼓励什么样的行为及绩效表现，会重视什么样的岗位及人才，并引导员工积极看待年度调薪。

部门主管有责任让下属知道公司给他调薪的目的，是期望他能有更卓越的工作表现，或是可以承担更多的工作职责。员工要挑战的是以往的记录，没有必要计较其他部门、其他岗位、其他同事的薪资和调薪幅度。

第三节　员工福利，提升员工幸福感

福利是薪酬体系的重要组成部分，是员工的间接报酬。随着经济的发展、企业间竞争的加剧，丰厚的福利待遇能有效地激励员工。因此，企业根据自身情况和员工状况设置不同的福利，往往可以有效地改善员工关系，达到管理的目的。

一、了解福利构成，丰富员工福利待遇

员工福利实施的类型丰富多样，通常可以分为法定福利、企业补充福利以及其他福利等。

（一）法定福利

1. 社会保险

社会保险（五险一金）包括图6-27所示几类。

养老保险	☞	为员工在达到法定退休年龄后提供基本生活保障，员工在工作期间按规定缴纳养老保险费，退休后可按月领取养老金
医疗保险	☞	用于补偿员工因疾病或意外伤害而产生的医疗费用，减轻员工的医疗负担
失业保险	☞	当员工非因本人意愿中断就业时，在规定期限内可以领取失业保险金，以保障其基本生活，帮助其度过失业期
工伤保险	☞	员工在工作过程中遭受工伤或患职业病时，可获得医疗救治、经济补偿、职业康复等保障
生育保险	☞	为女性员工在生育期间提供生育津贴、医疗费用报销等福利，保障其生育期间的基本生活和医疗需求
住房公积金	☞	由企业和员工共同缴存，员工在购买、建造、翻建、大修自住住房时，可以申请住房公积金贷款，享受较低的贷款利率，减轻员工购房压力

图6-27　社会保险的类别

2. 法定假期

法定假期包括图6-28所示三类。

年假

员工根据工作年限享受一定天数的带薪年休假，让员工有时间休息和放松，以更好地投入工作

病假

员工因病需要休息时，可享受一定期限的带薪病假，保障员工在患病期间的生活和医疗权益

婚假、产假、陪产假、丧假

员工在结婚、生育、直系亲属去世等特殊时期，依法享受相应天数的带薪假期，体现了企业对员工个人生活的关怀

图6-28　法定假期的类别

（二）企业补充福利

企业补充福利的项目与内容如表6-16所示。

表6-16　企业补充福利的项目与内容

类别	项目	内容说明
补充保险	补充养老保险	如企业年金，是企业在基本养老保险的基础上，为员工建立的补充养老保障制度，进一步提高员工退休后的生活水平
	补充医疗保险	对基本医疗保险进行补充，帮助员工报销基本医保报销范围之外的医疗费用，提高员工的医疗保障水平
健康关怀	体检福利	企业定期为员工提供全面的健康体检服务，帮助员工及时了解自身健康状况，做到疾病的早发现、早预防、早治疗
	健康管理	提供健康咨询、健康讲座、健身设施或健身课程等，促进员工养成良好的健康生活习惯
工作生活平衡福利	弹性工作制度	允许员工在一定范围内灵活安排工作时间和工作地点，如弹性上下班、远程办公等，方便员工更好地平衡工作和生活
	带薪事假	除法定假期外，企业额外提供一定天数的带薪事假，员工可以因个人特殊原因请假，而不扣除工资
培训与发展福利	培训机会	为员工提供各种内部培训课程、外部培训讲座、在线学习平台等，帮助员工提升专业技能和综合素质，促进员工的职业发展
	教育资助	对员工参加与工作相关的学历教育、职业资格认证考试等给予学费补贴或资助，鼓励员工不断学习和成长

（三）其他福利

其他福利的项目与内容如图6-29所示。

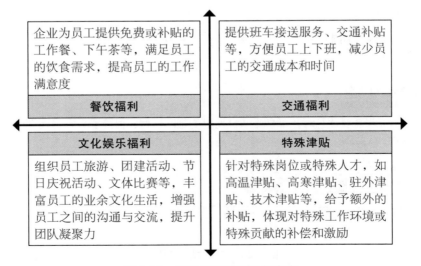

图6-29　其他福利的项目与内容

二、引入弹性福利，满足员工个性化需求

弹性福利制度是一种有别于传统固定式福利的员工福利制度。它又称为"自助餐式福利"，是指企业在固定的福利费用预算范围内，提供多种福利项目供员工选择，员工可以根据自己的需求和偏好，自由组合搭配适合自己的福利套餐，使福利的效用最大化。

（一）弹性福利制度的主要类型

弹性福利制度的主要类型如表6-17所示。

表6-17　弹性福利制度的主要类型

序号	类型	类型说明
1	附加型弹性福利	在现有的福利计划基础上，再提供一些额外的福利项目或提高原有的福利标准，让员工可以根据自身需求进行选择。例如，企业原本提供基本的医疗保险，在此基础上，员工可以选择额外购买重疾险、意外险等补充保险
2	核心加选择型弹性福利	企业首先确定一些基本的、必须提供的核心福利项目，如法定福利、基本的健康保险等，然后再提供一系列可供员工选择的其他福利项目，员工在享受核心福利的基础上，可根据自己的情况选择其他福利
3	弹性支用账户式福利	企业为员工设立一个弹性福利账户，存入一定金额的福利费用，员工可以在规定的范围内自主支配该账户资金，用于购买自己需要的福利项目。如员工可以用账户资金购买健身卡、培训课程、旅游套餐等
4	套餐型弹性福利	企业根据不同员工群体的需求特点，设计出多种不同的福利套餐，每个套餐包含不同的福利项目组合，员工只能在这些预设的套餐中进行选择，不能自由拆分或组合

（二）弹性福利制度的实施步骤

弹性福利制度的实施步骤如图6-30所示。

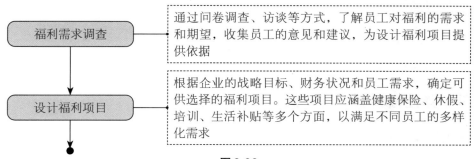

图6-30

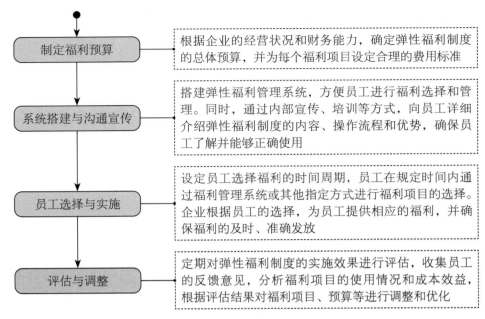

图 6-30　弹性福利制度的实施步骤

（三）弹性福利制度的优势

弹性福利制度的优势如图 6-31 所示。

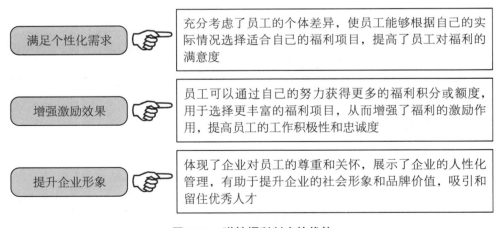

图 6-31　弹性福利制度的优势

（四）弹性福利制度的挑战

弹性福利制度实施中也会面临图 6-32 所示挑战。

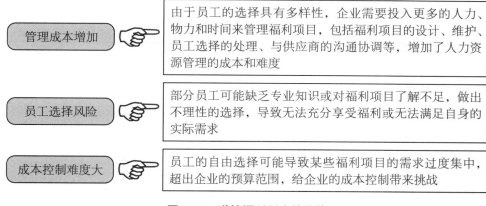

图6-32　弹性福利制度的挑战

三、优化福利管理，让福利发挥最大价值

（一）福利制度执行与管理

福利制度执行与管理包括图6-33所示三个方面的内容。

1. 准确落实福利项目

严格按照公司制定的福利制度和标准，确保各项福利项目按时、足额地提供给员工。比如，按时为员工缴纳社会保险和住房公积金，确保员工能及时享受相应的保障；在节假日等特殊时期，准时发放节日福利礼品或补贴。

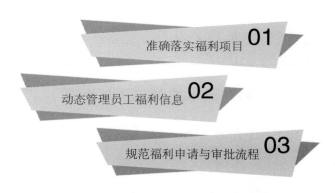

图6-33　福利制度执行与管理的内容

2. 动态管理员工福利信息

建立完善的员工福利信息管理系统，记录员工的基本信息、福利项目选择情况、福利享受记录等。及时更新员工因入职、离职、岗位变动、婚姻状况变化等导致的福利资格和额度变化，保证福利信息的准确性和及时性。

3. 规范福利申请与审批流程

设计清晰、便捷的福利申请流程和表格（见表6-18），明确员工申请各项福利的条件、所需提交的材料和申请时间。同时，建立严格的审批机制，确保福利申请符合规定，防止福利滥用或违规领取。例如，员工申请病假福利，需提交正规医院的诊断证明等材料，经上级领导和人力资源部门审批通过后，方可享受相应的病假工资和福利。

表 6-18　员工福利申请表

填表日期：　　年　月　日

申请部门					
申请人姓名	工号	所在部门	担任职务	岗位职级	入职日期
申请日期			执行日期		
申请类别	□现金奖励　□假期奖励　□旅游奖励　□礼品奖励　□其他_____				
申请原因	（在××时间的××项目中，××项目组成员表现突出，建议作出表彰奖励）				
申请事项	假期奖励××人员： ××（部门／岗位）：年假1天				
备注说明					
审批人员	审批意见／建议				签名／日期
部门负责人					
人力资源部					
财务部					
公司总经理					

（二）福利成本控制与预算管理

福利成本控制与预算管理采取图 6-34 所示措施。

制订合理预算计划　根据企业的经营状况、财务能力和员工需求，结合市场行情，制定科学合理的年度福利预算（如表 6-19 所示）。对各项福利项目的成本进行细致估算，明确各项福利的资金分配额度，确保福利支出在企业可承受的范围内

监控福利成本支出　定期对福利成本的支出情况进行统计和分析，与预算进行对比，及时发现超支或成本异常的项目。例如，通过分析发现某季度的员工体检费用超出预算，需进一步调查原因，是否是因为增加了体检项目或体检人数超出预期等

优化福利成本结构　在保证福利质量和员工满意度的前提下，寻找降低福利成本的途径。可以通过与供应商谈判争取更优惠的价格、优化福利项目组合、调整福利发放方式等，提高福利成本的使用效率

图 6-34　福利成本控制与预算管理的措施

表6-19　年度福利预算

序号	计划案	具体内容	参与人员	单价人/(次)/元	人次/月	次/年	总额	单位	预计完成时间	活动地点	备注
1	春节联欢会	2024年春晚舞台费用	全体员工	（略）	（略）	1	（略）	元/人	2月	××	含费用
		2024年春晚活动费用	全体员工	（略）	（略）	1	（略）	元/人	2月	××	含费用
		2024年春晚抽奖费用	全体员工	（略）	（略）	1	（略）	元/人	2月	××	含费用
2	五一劳动节	发礼品	全体员工	（略）	（略）	1	（略）	元/年	5月	无	礼品另行计划
3	端午节	发粽子等礼品	全体员工	（略）	（略）	1	（略）	元/年	6月	无	礼品另行计划
4	中秋节	月饼等食品	全体员工	（略）	（略）	1	（略）	元/年	9月	无	礼品另行计划
		中秋晚会	全体员工	（略）	（略）	1	（略）	元/年	9月	无	另行计划
		特别预算规划活动	全体员工	（略）	（略）	1	（略）	元/年	9月	无	另行提报计划
5	生日礼物	员工生日当月礼物发放	全体员工	（略）	（略）	12	（略）	元/年	每月	无	
6	生日晚会	含蛋糕、会场布置	全体员工	（略）	（略）	12	（略）	元/年	每月	活动中心	
7	图书、电子资料	含请购与更新	全体员工	（略）	（略）	2	（略）	元/年	次/半年	图书室	每半年购置一次
8	饮品	降暑（视气候作业）、避寒（视气候作业）、防流感	全体员工	（略）	（略）	2	（略）	元/年	7月/8月/12月/1月	无	
9	联谊活动	员工旅游	全体员工	（略）	（略）	1	（略）	元/年	4月	行程另订计划	进厂满一年以上
10		特别预算活动	全体员工	（略）	（略）	1	（略）	元/人	4月	行程另订计划	另行提报计划
11	职工游艺活动	含文艺、球类、游艺等活动	全体员工	（略）	（略）	1	（略）	元/年	9月或10月	厂区内	类项与规定另定
12	福利设施请购	含乒乓球、羽毛球等耗材类	全体员工	（略）	（略）	1	（略）	元/年	全年	活动中心	
13	其他	婚喜丧病补助等	全体员工	（略）	（略）	1	（略）	元/年	全年	无	以实际状况为准
	合计						（略）				
1	2025年初现金结余	（略）									
2	2025年初银行存款结余	（略）									
	小计										
3	2025年度预算	（略）									

（三）福利沟通与反馈管理

福利沟通与反馈管理的工作包括图 6-35 所示三项。

建立福利宣传渠道	及时处理员工咨询与投诉	主动收集员工意见建议
通过多种渠道，如企业内部网站、宣传栏、邮件、员工手册等，向员工宣传福利政策、福利项目内容、申请流程等信息，确保员工充分了解自己所享有的福利。例如，制作福利宣传手册，详细介绍各项福利的具体内容和使用方法，方便员工随时查阅	及时解答员工疑问，对于员工的投诉，要认真倾听，及时调查核实，给予合理的解决方案，并跟踪处理结果，确保员工满意	定期通过问卷调查、座谈会、员工满意度调查等方式，收集员工对福利的意见和建议，了解员工对福利的需求和期望。例如，每年开展一次员工福利满意度调查，收集员工对各项福利项目的满意度评价和改进建议，为福利制度的优化提供依据

图 6-35　福利沟通与反馈管理的工作

（四）供应商管理

对福利供应商的管理工作是员工福利管理中的重要环节，主要包括供应商的选择、合同管理、日常监督、关系维护等方面，以下是具体内容。

1. 供应商选择

供应商选择步骤如图 6-36 所示。

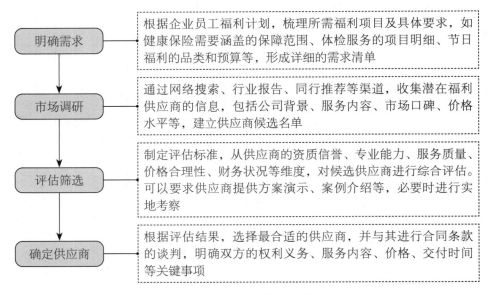

图 6-36　供应商选择步骤

2. 日常监督

企业应按图6-37所示几个方面对福利供应商进行日常监督。

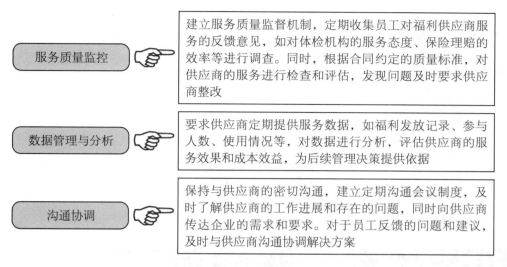

服务质量监控	建立服务质量监督机制，定期收集员工对福利供应商服务的反馈意见，如对体检机构的服务态度、保险理赔的效率等进行调查。同时，根据合同约定的质量标准，对供应商的服务进行检查和评估，发现问题及时要求供应商整改
数据管理与分析	要求供应商定期提供服务数据，如福利发放记录、参与人数、使用情况等，对数据进行分析，评估供应商的服务效果和成本效益，为后续管理决策提供依据
沟通协调	保持与供应商的密切沟通，建立定期沟通会议制度，及时了解供应商的工作进展和存在的问题，同时向供应商传达企业的需求和要求。对于员工反馈的问题和建议，及时与供应商沟通协调解决方案

图6-37　福利供应商的日常监督要领

3. 定期评估

企业应建立对供应商的定期评估机制，根据合作协议和服务质量标准，对供应商的服务质量、产品供应及时性、价格合理性等方面进行评估。对于表现不佳的供应商，要及时与其沟通整改，或考虑更换供应商。

第7章

和谐关系：增强员工归属感

员工关系管理是企业管理中的重要环节，关乎员工的满意度、忠诚度和企业的整体绩效。以下是一些常见的员工关系管理措施。

第一节　与员工构建和谐的劳动关系

和谐的劳动关系是指劳动关系双方保持一种融洽的状态。形成和谐劳动关系是企业的责任。企业管理者应认识到，企业和员工是共生、共赢和共长的关系。企业对员工负责，员工才会对企业负责。因此，企业应该通过运用各种激励手段来调动和发挥员工的积极性和创造性，给予其合理的薪酬和福利，为其提供增长才干的机会，帮助和促进员工实现个人发展。

一、明晰权利义务，维护双方合法权益

劳动关系的内容是指劳动法律关系主体双方依法享有的权利和应承担的义务。根据《中华人民共和国劳动法》（以下简称《劳动法》）的规定，劳动关系主体双方享有的权利和应承担的义务见表7-1。

表7-1　劳动关系的内容

项目	权利	义务
劳动者	（1）劳动权 （2）民主管理权 （3）休息权 （4）劳动报酬权 （5）劳动保护权 （6）职业培训权 （7）社会保险权 （8）劳动争议提请处理权等	（1）保质保量完成生产任务和工作任务 （2）学习政治、文化、科学、技术和业务知识 （3）遵守劳动纪律和规章制度 （4）执行劳动安全和卫生规程 （5）保守国家和企业的机密
用人单位	（1）依法录用、调动和辞退职工 （2）决定企业的机构设置 （3）任免企业管理人员 （4）制定工资、报酬和福利方案 （5）依法奖惩职工	（1）依法录用、分配、安排职工的工作 （2）保障工会和职代会行使其职权 （3）按职工的劳动质量、数量支付劳动报酬 （4）加强对职工思想、文化和业务技能的教育培训 （5）改善劳动条件，做好劳动保护和环境保护工作

二、规范合同签订，保障劳动关系稳定

企业若想构建和谐劳动关系，就必须全面实行劳动合同制度，督促劳动关系双方当事人依法签订并严格履行劳动合同，以此规范和约束双方的行为，并且通过劳动合同的履行实现双方各自的权利，以充分发挥劳动合同在调整劳动关系中的积极作用。

（一）劳动合同订立的原则

《中华人民共和国劳动合同法》（以下简称《劳动合同法》）第三条规定了劳动合同订立的原则。企业在订立劳动合同时要遵循合法合规，公平合理、平等自愿、协商一致、诚实信用的原则，具体内容如图7-1所示。

 劳动合同的订立必须符合法律、法规的规定，包括劳动合同的主体、内容、形式等方面都要合法。例如，用人单位必须具有合法的用工资格，劳动者必须达到法定就业年龄且具备劳动能力，合同内容不能违反法律法规的强制性规定

 劳动合同的内容应当公平合理，双方的权利和义务应当对等，不能存在明显的不公平条款。例如，在劳动报酬、工作时间、劳动条件等方面，要确保双方的利益平衡，避免用人单位利用优势地位制定不合理的条款

 用人单位与劳动者在订立劳动合同时，地位是平等的，双方都有自主决定是否签订合同以及合同内容的权利，任何一方不得强迫另一方签订合同。劳动者有权自主选择用人单位，用人单位也有权自主选择劳动者

 劳动合同的条款是双方协商一致的结果，双方应当就合同的各项内容进行充分的沟通和协商，达成一致意见后才能签订合同。例如，在工作岗位、工资待遇等方面，双方需要通过协商来确定具体的内容

 双方在订立劳动合同过程中，应当诚实守信，如实告知对方与劳动合同有关的重要事项。用人单位要如实告知劳动者工作内容、工作条件、工作地点、职业危害、安全生产状况、劳动报酬等情况，劳动者也要如实告知用人单位自己的健康状况、工作经历、职业技能等信息

图7-1 劳动合同订立的原则

（二）合同内容

合同内容包括两个方面，如表7-2所示。

表7-2　合同内容

条款	具体内容
必备条款	根据《劳动合同法》规定，劳动合同应当具备以下条款：用人单位的名称、住所和法定代表人或者主要负责人；劳动者的姓名、住址和居民身份 证或者其他有效身份证件号码；劳动合同期限；工作内容和工作地点；工作时间和休息休假；劳动报酬；社会保险；劳动保护、劳动条件和职业危害防护；法律、法规规定应当纳入劳动合同的其他事项
约定条款	除必备条款外，用人单位与劳动者可以协商约定试用期、培训、保守秘密、补充保险和福利待遇等其他事项。例如，双方可以约定试用期的期限、试用期工资，也可以约定劳动者的保密义务和竞业限制条款等

（三）合同签订流程

合同签订流程如图7-2所示。

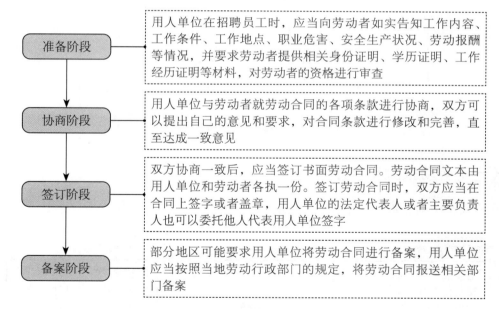

图7-2　合同签订流程

（四）特殊情况处理

在合同签署的过程中要关注图7-3所列特殊情况的处理。

事实劳动关系  | 如果用人单位与劳动者没有签订书面劳动合同，但劳动者已经实际为用人单位工作，形成了事实劳动关系。在这种情况下，用人单位应当及时与劳动者补签书面劳动合同，并支付未签订书面劳动合同期间的双倍工资

非全日制用工 | 非全日制用工双方当事人可以订立口头协议，但为了明确双方的权利和义务，也可以签订书面劳动合同。非全日制用工劳动合同中应当明确工作时间、工作内容、劳动报酬、劳动保护和劳动条件等内容

劳务派遣用工 | 劳务派遣单位与被派遣劳动者应当订立二年以上的固定期限劳动合同，载明被派遣劳动者的用工单位以及派遣期限、工作岗位等情况。劳务派遣单位应当将劳务派遣协议的内容告知被派遣劳动者

图 7-3　合同签署的过程中的特殊情况处理

三、全面履行合同，树立企业良好形象

企业全面履行劳动合同可从图 7-4 所示几个方面着手。

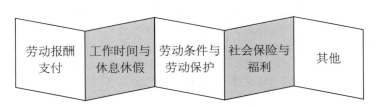

图 7-4　全面履行劳动合同的方面

（一）劳动报酬支付方面

劳动报酬支付方面的要求如图 7-5 所示。

按时支付	足额支付	支付透明
严格按照劳动合同约定的时间和支付方式，如每月固定日期以货币形式支付工资，遇到节假日提前支付，避免拖延。像一些企业会在每月 5 日通过银行转账发放工资，确保员工能按时收到	根据合同约定的工资标准、加班工资计算方式等，足额支付员工报酬，包括基本工资、绩效工资、奖金、津贴、补贴等。不得克扣或无故拖欠员工工资，支付的工资不得低于当地最低工资标准	在工资单上清晰列出工资构成、加班时间及加班费计算、扣除项目等明细，让员工清楚了解工资情况，如有疑问能及时沟通

图 7-5　劳动报酬支付方面的要求

（二）工作时间与休息休假方面

工作时间与休息休假方面的要求如图7-6所示。

遵守工时制度　👉　执行标准工时制、不定时工作制或综合计算工时工作制，都要符合法律规定和合同约定。标准工时制下，保证员工每天工作不超过 8 小时，每周工作不超过 40 小时

规范加班管理　👉　确因工作需要加班，需与员工协商并支付相应加班费。安排员工在工作日加班，支付不低于工资 150% 的加班费；休息日加班且不能安排补休，支付不低于工资 200% 的加班费；法定休假日加班，支付不低于工资 300% 的加班费

保障休假权利　👉　按照法律规定和合同约定，让员工享受年假、病假、婚假、产假、陪产假等法定休假及合同约定的其他休假，如福利年假等。对于符合休假条件的员工，及时批准其休假申请

图 7-6　工作时间与休息休假方面的要求

（三）劳动条件与劳动保护方面

劳动条件与劳动保护方面的要求如图7-7所示。

提供安全环境　👉　为员工提供符合国家规定的劳动安全卫生条件和必要的劳动防护用品。在建筑施工企业，要为工人配备安全帽、安全绳等；化工企业要提供防毒面具等

保证工作设施设备　👉　根据工作需要，配备足够且合格的生产工具、办公设备等，定期对设备进行维护和保养，确保正常运行，提高工作效率

职业健康保护　　对可能产生职业病危害的岗位，进行职业病危害因素检测和评价，安排员工进行上岗前、在岗期间和离岗时的职业健康检查，建立职业健康监护档案

图 7-7　劳动条件与劳动保护方面的要求

（四）社会保险与福利方面

社会保险与福利方面的要求如图7-8所示。

依法缴纳社保

按照国家规定的险种、缴费基数和比例，为员工按时足额缴纳养老保险、医疗保险、失业保险、工伤保险和生育保险。如企业以员工工资为基数，按一定比例缴纳各项社保费用

提供约定福利

落实劳动合同中约定的福利待遇，如住房补贴、交通补贴、餐饮补贴、节日福利等，增强员工的归属感和满意度

图7-8　社会保险与福利方面的要求

（五）其他方面

1. 规章制度执行

依据劳动合同和法律法规，制定完善、合法、合理且具有可操作性的规章制度，明确员工的权利和义务、工作规范、奖惩制度等，并确保制度在企业内部有效执行。

2. 合同变更管理

如企业因客观情况变化需变更劳动合同，如调整工作岗位、工作地点等，要与员工协商一致，并采用书面形式变更合同，保障双方合法权益。

3. 沟通与协作

与员工保持良好的沟通，及时了解员工的需求和意见，对员工反映的问题积极回应和解决，在履行合同过程中相互协作、相互配合。

四、合法续签与解约，留住优秀人才

劳动合同续签是指合同期限届满，双方当事人均有继续保持劳动关系的意愿，经协商一致后延续签订劳动合同的法律行为。

（一）续签劳动合同的类别

双方可以续签固定期限劳动合同、无固定期限劳动合同和以完成一定工作任务为期限的劳动合同。续签劳动合同的类别主要有图7-9所示三种。

固定期限劳动合同　无固定期限劳动合同　以完成一定工作任务为期限的劳动合同

图7-9　续签劳动合同的类别

1. 固定期限劳动合同

固定期限劳动合同是指用人单位与劳动者约定合同终止时间的劳动合同，如劳动合同明确规定合同期限为1年、3年或5年等，期限届满，劳动关系即告终止。如果双方协商一致，还可以续订劳动合同，延长劳动期限。

这种合同适用范围广，应变能力强，既能保持劳动关系的相对稳定，又能促进劳动力的合理流动，像一般性、临时性的工作岗位，常签订较短期限的固定期限劳动合同；而对于常年性、要求连续性和稳定性的工作，适宜签订较长期限的固定期限劳动合同。

2. 无固定期限劳动合同

无固定期限劳动合同是指用人单位与劳动者约定无确定终止时间的劳动合同。只要不出现法律规定的条件或者双方约定的条件，双方当事人就要继续履行劳动合同规定的义务。有图7-10所列情形之一，劳动者提出或者同意续订、订立劳动合同的，除劳动者提出订立固定期限劳动合同外，应当订立无固定期限劳动合同。

情形一	劳动者在该用人单位连续工作满十年的
情形二	用人单位初次实行劳动合同制度或者国有企业改制后重新订立劳动合同时，劳动者在该用人单位连续工作满十年且距法定退休年龄不足十年的
情形三	连续订立二次固定期限劳动合同，且劳动者没有《劳动合同法》第三十九条和第四十条第一项、第二项规定的情形，续订劳动合同的
情形四	用人单位自用工之日起满一年不与劳动者订立书面劳动合同的，视为用人单位与劳动者已订立无固定期限劳动合同

图7-10　应当订立无固定期限劳动合同的情形

3. 以完成一定工作任务为期限的劳动合同

以完成一定工作任务为期限的劳动合同：是指用人单位与劳动者约定以某项工作的完成为合同期限的劳动合同。

例如，以完成单项工作任务为期限的劳动合同，如开发某个软件；以项目承包方式完成承包任务的劳动合同，如装修某套房子；因季节原因临时用工的劳动合同，如采摘水果季节雇用临时工等。某一项工作或工程开始之日，即为合同开始之时，此项工作完毕，合同即告终止。这类合同实际上也属于一种有固定期限的劳动合同，但没有明确具体的时间限制，而是以工作任务的完成作为终止条件。

一般在如图7-11所示的四种情况下，企业与员工可以签订以完成一定工作任务为期限的劳动合同。

01	以完成单项工作任务为期限的劳动合同

以项目承包方式完成承包任务的劳动合同	02

03	因季节原因临时用工的劳动合同

其他双方约定的以完成一定工作任务为期限的劳动合同	04

图 7-11　以完成一定工作任务为期限的劳动合同的情况

（二）办理劳动合同续签手续的步骤

依法办理劳动合同续签手续，一般需要经过表 7-3 所示阶段与步骤。

表 7-3　办理劳动合同续签手续的步骤

阶段	步骤	操作说明
准备阶段	确定续签意向	用人单位应当在劳动合同到期前，提前了解劳动者的合同到期情况，可提前 30 日向劳动者发出"续订劳动合同通知书"，以书面形式明确是否有续签意向。劳动者收到通知后，应在 7 日内书面答复
	评估与审核	用人单位对劳动者进行综合评估，内容包括劳动者的工作年限、工作表现、岗位需求、遵守规章制度情况等，以确定是否符合续签条件。同时，审核劳动者提交的相关材料，如身份证明、学历证明、工作成果证明等是否真实、完整
协商阶段	协商条款	双方就续签劳动合同的具体条款进行协商，包括合同期限、工作内容、工作地点、工作时间和休息休假、劳动报酬、社会保险、劳动保护和职业危害防护等。如用人单位初次实行劳动合同制度或者国有企业改制后重新订立劳动合同时，劳动者在该用人单位连续工作满十年且距法定退休年龄不足十年等特殊情况，还需考虑是否订立无固定期限劳动合同
	形成文本	协商达成一致后，用人单位根据协商结果准备正式的劳动合同文本或"延续劳动合同协议书"。如原劳动合同的主要条款已有较大改变，应重新协商签订新的劳动合同；如原劳动合同的条款变动不大，可签订"延续劳动合同协议书"，并明确劳动合同延续的期限及其他需重新确定的合同条款
审批与签订阶段	内部审批	用人单位将协商好的续签劳动合同提交给上级或专门负责审批的人员进行审核，确保合同内容符合法律法规和公司政策，审核通过后，决策者给出批准意见，并进行相应的签字或盖章
	双方签署	劳动者和用人单位的代表（如法定代表人或授权代表）在合同文本上签字或盖章。签字或盖章前，双方应认真阅读合同条款，确保对合同条款的理解一致

续表

阶段	步骤	操作说明
后续阶段	合同鉴证与备案	部分地区可能要求将续签后的劳动合同送有管辖权的劳动鉴证机构进行鉴证。同时，用人单位应到社会保险经办机构办理社会保险延续手续，确保劳动者的社保权益不受影响
	归档与公示	用人单位将续签的劳动合同及相关材料进行归档保存，同时可根据公司规定进行公示，以保障劳动合同的透明度

（三）企业办理续签合同的要求

（1）企业依法发出续签意向，并维持或者提高劳动合同约定条件，员工不同意续签的，企业可以不支付经济补偿。

劳动合同期限届满，企业同意与员工续签劳动合同的，应在劳动合同期限届满前三十天内将"劳动合同续签意向通知书"送达员工手中，经协商同意后办理续签手续。

（2）企业在依法办理续签劳动合同时，应特别注意法律规定的不得终止或者劳动合同期限顺延的情况。

例如，女工"三期"期间（孕期、产期、哺乳期）、员工处于医疗期间、员工在企业连续工作满十五年且距法定退休年龄不足五年等情况。

（3）如果双方在续签劳动合同时，通过平等协商一致对原劳动合同的部分约定做出修改，企业应当在续签的劳动合同中予以明确说明。

五、依法解除与终止合同

劳动合同可由双方协商解除或者由劳动关系中的一方依法单方解除，也可因满足法定终止条件而终止。劳动合同的解除与终止最容易引起纠纷，所以企业一定要注意。

（一）合同解除

劳动合同解除的情形主要包括以下几种。

1. 劳动者与用人单位协商一致解除

用人单位与劳动者通过平等协商，就解除劳动合同的相关事项达成一致意见，如解除时间、经济补偿等，可解除劳动合同。

2. 劳动者单方解除

劳动者单方解除包括图7-12所示两种情形。

| 情形一 | 提前通知解除 |

（1）一般情况下，劳动者提前 30 日以书面形式通知用人单位，可以解除劳动合同
（2）劳动者在试用期内提前 3 日通知用人单位，可以解除劳动合同

| 情形二 | 即时解除 |

（1）用人单位未按照劳动合同约定提供劳动保护或者劳动条件的
（2）用人单位未及时足额支付劳动报酬的
（3）用人单位未依法为劳动者缴纳社会保险费的
（4）用人单位的规章制度违反法律、法规的规定，损害劳动者权益的
（5）用人单位以欺诈、胁迫的手段或者乘人之危，使劳动者在违背真实意思的情况下订立或者变更劳动合同，致使劳动合同无效的
（6）用人单位在劳动合同中免除自己的法定责任、排除劳动者权利，导致劳动合同无效或部分无效的
（7）用人单位违反法律、行政法规强制性规定，导致劳动合同无效或部分无效的
（8）用人单位以暴力、威胁或者非法限制人身自由的手段强迫劳动者劳动的，或者用人单位违章指挥、强令冒险作业危及劳动者人身安全的，劳动者可以立即解除劳动合同，不需事先告知用人单位

图 7-12　劳动者单方解除的情形

3．用人单位单方解除

用人单位单方解除又包括三个方面的情形。

（1）用人单位单方解除（过失性辞退）。

用人单位在图 7-13 所示情况下可以单方解除（过失性辞退）与员工的劳动合同。

情形一	劳动者在试用期间被证明不符合录用条件
情形二	严重违反用人单位的规章制度
情形三	严重失职，营私舞弊，给用人单位造成重大损害
情形四	劳动者同时与其他用人单位建立劳动关系，对完成本单位的工作任务造成严重影响，或者经用人单位提出，拒不改正
情形五	以欺诈、胁迫的手段或者乘人之危，使用人单位在违背真实意思的情况下订立或者变更劳动合同致使劳动合同无效
情形六	被依法追究刑事责任，出现以上情形时，用人单位可随时解除劳动合同

图 7-13　用人单位单方解除（过失性辞退）的情形

（2）用人单位单方解除（无过失性辞退）。

用人单位在图 7-14 所示情况下可以单方解除（无过失性辞退）与员工的劳动合同。

情形一 ▷ 劳动者患病或者非因工负伤，在规定的医疗期满后不能从事原工作，也不能从事由用人单位另行安排的工作

情形二 ▷ 劳动者不能胜任工作，经过培训或者调整工作岗位，仍不能胜任工作

情形三 ▷ 劳动合同订立时所依据的客观情况发生重大变化，致使劳动合同无法履行

图7-14 用人单位单方解除（无过失性辞退）的情形

经用人单位与劳动者协商，未能就变更劳动合同内容达成协议，出现图7-14所示情形时，用人单位提前30日以书面形式通知劳动者本人或者额外支付劳动者一个月工资后，可以解除劳动合同。

（3）经济性裁员。

用人单位在图7-15所示情况下可以进行经济性裁员。

情形一 ▷ 用人单位依照企业破产法规定进行重整

情形二 ▷ 企业生产经营发生严重困难

情形三 ▷ 企业转产、重大技术革新或者经营方式调整，经变更劳动合同后，仍需裁减人员

情形四 ▷ 其他因劳动合同订立时所依据的客观经济情况发生重大变化，致使劳动合同无法履行

图7-15 经济性裁员的情形

有图7-15所示情形时，用人单位可进行经济性裁员。但需提前30日向工会或者全体职工说明情况，听取工会或者职工的意见后，裁减人员方案经向劳动行政部门报告，才可以裁减人员。

（二）合同终止

用人单位与员工合同终止的情形有表7-4所示几种。

表7-4 用人单位与员工合同终止的情形

序号	情形	说明
1	劳动合同期满	固定期限劳动合同到期，双方未续签的，劳动合同终止。但需注意，对处于医疗期内、孕期、产期、哺乳期等特殊情形的劳动者，劳动合同期满应续延至相应的情形消失时终止

续表

序号	情形	说明
2	劳动者开始依法享受基本养老保险待遇	劳动者达到法定退休年龄，开始依法享受基本养老保险待遇，劳动合同终止
3	劳动者死亡，或者被人民法院宣告死亡或者宣告失踪	劳动者丧失劳动能力和劳动主体资格，劳动合同无法继续履行，劳动合同终止
4	用人单位被依法宣告破产	用人单位主体资格即将消亡，无法继续履行劳动合同，劳动合同终止
5	用人单位被吊销营业执照、责令关闭、撤销或者用人单位决定提前解散	用人单位的经营资格被取消或决定提前结束经营，劳动合同终止
6	法律、行政法规规定的其他情形	如劳动合同约定的工作任务完成，以完成一定工作任务为期限的劳动合同终止

企业无论以何种方式解除或终止劳动合同，都应出具解除或者终止劳动合同的证明，并在15日内为劳动者办理档案和社会保险关系转移手续。同时，对已经解除或者终止的劳动合同的文本，至少保存2年备查。

（三）办理解除或终止劳动合同的步骤

企业办理解除劳动合同，需要根据不同的解除情形，遵循相应的法律规定和程序，以下是具体介绍。

1. 协商一致解除

协商一致解除劳动合同的步骤如图7-16所示。

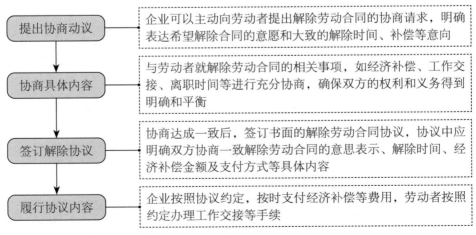

图7-16　协商一致解除劳动合同的步骤

2. 企业过失性辞退员工

企业过失性辞退员工的步骤如图7-17所示。

图 7-17 企业过失性辞退员工的步骤

3. 企业无过失性辞退员工

企业无过失性辞退员工的步骤如图 7-18 所示。

图 7-18 企业无过失性辞退员工的步骤

4. 经济性裁员

经济性裁员解除劳动合同的步骤如图 7-19 所示。

图 7-19 经济性裁员解除劳动合同的步骤

第二节　建立沟通机制，消除企业内部隔阂

沟通是企业管理职能之一，能起到有效协调关系的作用。通过沟通，员工能了解企业的发展目标和战略，企业也能掌握员工的需求，而这些都将有助于制定适合员工的激励机制，甚至可以缓解企业与员工之间的矛盾。一直以来企业管理者都很重视沟通，但现实中企业的很多沟通工作做得并不到位。人力资源管理中的沟通机制应该充分体现在员工进入公司到离开公司这一过程中，其中包含了入职沟通、工作期间的沟通、岗位变动的沟通以及离开公司前的沟通。因此，要想建立完善的沟通机制，首先要培养企业管理者和被管理者的沟通意识。

一、重视沟通环节，营造沟通氛围

（一）增强管理者的沟通意识

在企业管理中，人力资源部门确实应致力于增强管理者的沟通意识，这对提升管理效率、促进团队协作和企业发展至关重要，表7-5是具体的措施。

表7-5　增强管理者沟通意识的措施

序号	措施	实施要点
1	组织培训活动	（1）沟通技巧培训：人力资源部门可定期组织沟通技巧培训课程，内容涵盖语言表达、非语言沟通、倾听技巧等方面。通过案例分析、角色扮演等方式，让管理者在实践中提升沟通能力 （2）跨文化沟通培训：若企业具有多元化的员工队伍或涉及跨国业务，则跨文化沟通培训就显得尤为重要，可帮助管理者了解不同文化背景下的沟通风格和价值观，避免文化冲突，提高沟通的有效性
2	建立反馈机制	（1）定期开展员工满意度调查：通过问卷调查等方式收集员工对管理者沟通情况的反馈，了解员工的需求和意见。将调查结果反馈给管理者，使其明确自身在沟通方面的优点和不足，以便有针对性地改进 （2）设置意见箱或在线反馈平台：鼓励员工随时对管理者的沟通问题提出建议和投诉，确保信息渠道的畅通。人力资源部门要及时整理和分析这些反馈，为管理者提供改进方向
3	营造沟通文化	（1）领导以身作则：企业高层领导要带头树立良好的沟通榜样，与各级管理者和员工保持开放、透明的沟通。通过自身的行为示范，传递沟通的重要性，引导管理者效仿 （2）组织团队建设活动：通过户外拓展、聚餐等团队建设活动，为管理者和员工创造轻松愉快的沟通氛围，增强彼此之间的了解和信任，促进沟通的顺畅进行

序号	措施	实施要点
4	提供沟通工具和资源	（1）内部沟通平台：人力资源部门应推动建立企业内部的沟通平台，如即时通信工具、项目管理软件等，方便管理者与员工之间的信息交流和协作 （2）沟通指南和模板：制定并提供沟通指南和模板，如会议议程模板、绩效反馈模板等，帮助管理者规范沟通流程，提高沟通效率

（二）增强员工的沟通意识

很多员工都不习惯与领导进行沟通，主要原因是对沟通缺乏正确的认识，企业也缺少对沟通机制的宣传，因此为了让员工敢于向管理者述说自己的观点、意见或困难，人力资源部门要加强对沟通机制的宣传，让员工认识到沟通的重要性和加强员工的沟通意识。除此之外，人力资源部门也要将员工的诉求落实到位，用行动来验证沟通是能起到解决问题、满足员工需求的作用的。

二、沟通贯穿工作，及时解决问题

在企业运营中，沟通机制如同一座桥梁，紧密连接着企业与员工，贯穿于员工工作的每一个关键阶段，对企业的稳定发展和员工的个人成长起着重要作用。

（一）入职培训环节的沟通

员工正式入职企业前，岗位培训是关键的一环。培训内容涵盖企业文化、企业制度、发展现状与规划，以及本岗位的主要职责和工作内容。值得注意的是，培训时不能只片面强调企业和岗位的优势，还应如实告知可能面临的困难与挑战。否则，员工在实际工作中一旦遭遇预期外的问题，心理落差过大，极有可能导致人才的流失。同时，员工也应坦诚地向人力资源部门介绍自身的能力范围、职业规划等情况，这不仅有助于企业合理安排工作，更能为员工自身的职业发展奠定良好基础。

（二）工作期间的持续沟通

新员工初入职场，工作中出现失误以及与同事、领导之间产生摩擦在所难免。此时，人力资源部门应及时与新员工沟通，了解他们对工作的适应程度，并结合情感激励机制，帮助他们更好地融入新环境，提升工作胜任能力。在日常工作中，人力资源部门也应保持与员工的高频沟通，关心员工的工作与生活近况，构建彼此信任、友好的关系。通过细致的观察，敏锐捕捉员工在沟通中暴露的问题，如工作压力过大、职业发展困惑等，并及时给予支持与引导。

（三）工作变动前的沟通

无论是转正、调岗、升职还是降职，人力资源部都需与员工进行深入沟通。向员工详细说明岗位变动的具体原因，同时认真倾听员工的想法和意见，避免产生误解。良好的沟通能够帮助员工在新岗位上迅速调整心态，积极投入工作，充分发挥自身能力，为企业创造更大价值。

（四）离职前沟通挖掘价值

员工离职原因多种多样，在离职前，人力资源部与离职员工进行沟通，往往能获取宝贵信息。离职员工因顾虑较少，可能会更直白地指出公司在管理、制度、文化等方面存在的问题与弊端，这些反馈有助于企业发现自身不足，进行针对性改进。此外，人力资源部根据离职员工的工作表现给予客观的能力评价，也能为其未来的职业发展提供参考。

三、掌握沟通方式，提升沟通效果

健全企业人力资源管理的沟通方式，需要从多方面入手，打造全方位、多层次的沟通体系，图7-20所示是一些可行的方法。

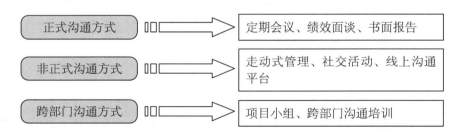

正式沟通方式	⇒	定期会议、绩效面谈、书面报告
非正式沟通方式	⇒	走动式管理、社交活动、线上沟通平台
跨部门沟通方式	⇒	项目小组、跨部门沟通培训

图7-20　人力资源管理的沟通方式

（一）正式沟通方式

正式沟通方式如表7-6所示。

表7-6　正式沟通方式

沟通方式	操作要点	具体操作说明
定期会议	建立管理层会议制度	企业定期召开管理层会议，如周会、月会等，各部门负责人汇报工作进展、存在的问题及下一步计划，加强部门间的信息共享和协调，确保公司整体战略的顺利推进
	组织全员大会	定期举行全员大会，由企业高层向全体员工传达公司的战略目标、重大决策、业务进展等重要信息，让员工了解公司的整体发展方向，增强员工的归属感和认同感

续表

沟通方式	操作要点	具体操作说明
绩效面谈	明确面谈流程和标准	制定规范的绩效面谈流程和标准，包括面谈的时间、地点、参与人员、面谈内容等。在绩效评估结束后，上级领导与员工进行一对一的绩效面谈，就员工的工作表现、绩效目标达成情况进行深入沟通
	注重反馈与改进	绩效面谈中，上级应客观公正地肯定员工的成绩，指出存在的问题和不足，并与员工共同制订改进计划和职业发展规划，帮助员工提升绩效
书面报告	工作汇报制度	要求员工定期提交书面工作报告，如周报、月报、项目报告等，详细汇报工作进展、成果、遇到的问题及解决方案等。管理者通过阅读报告，及时了解员工的工作情况，为决策提供依据
	建议报告	设立员工建议报告制度，鼓励员工对公司的管理、业务流程、产品研发等方面提出书面建议和意见。人力资源部门负责收集、整理和反馈这些建议，对有价值的建议给予奖励

（二）非正式沟通方式

1. 走动式管理

企业应鼓励管理者走出办公室，到员工的工作场所进行走动式管理，与员工进行面对面的交流，了解员工的工作状态、需求和想法。这种方式能够拉近管理者与员工的距离，增强员工的亲近感。在走动过程中，管理者可以及时发现工作中存在的问题和困难，当场与员工沟通解决方案，提高工作效率，同时也让员工感受到管理者对工作的重视和对员工的关心。

2. 社交活动

企业可以开展图7-21所示社交活动以促进员工之间的沟通。

组织团队建设活动

定期组织各类团队建设活动，如户外拓展、聚餐、文化活动等，为员工提供一个轻松愉快的沟通平台，让员工在活动中增进彼此之间的了解和信任，促进跨部门沟通与协作

设立员工俱乐部

成立各种员工俱乐部，如篮球俱乐部、读书俱乐部等，让有共同兴趣爱好的员工聚集在一起，通过开展活动加强员工之间的非正式沟通，丰富员工的业余生活，增强企业的凝聚力

图7-21 促进沟通的社交活动

3. 线上沟通平台

（1）企业社交软件：利用企业社交软件，如企业微信、钉钉等，建立员工交流群，方便员工之间随时随地进行沟通交流。员工可以在群里分享工作经验、交流问题、提出

建议等，形成良好的沟通氛围。

（2）在线论坛：搭建企业在线论坛，设置不同的板块，如工作交流、生活分享、企业文化等，员工可以在论坛上发表自己的观点和看法，与其他员工进行互动交流。

（三）跨部门沟通方式

跨部门沟通方式如表7-7所示。

表7-7　跨部门沟通方式

沟通方式	操作要点	具体操作说明
项目小组	组建跨部门项目小组	针对特定的项目或任务，组建由不同部门员工组成的项目小组，明确小组的目标、任务和职责。项目小组定期召开会议，共同商讨项目计划、进展和问题解决方案
	加强小组内沟通协作	在项目实施过程中，鼓励项目小组成员之间加强沟通协作，打破部门壁垒，充分发挥各自的专业优势，共同推动项目的顺利进行
跨部门沟通培训	开展专项培训	组织跨部门沟通培训课程，帮助员工了解不同部门的工作内容、流程和职责，掌握跨部门沟通的技巧和方法，提高跨部门沟通的能力
	案例分析与模拟演练	通过案例分析、模拟演练等方式，让员工在实际操作中体验跨部门沟通的重要性和难点，学习如何解决跨部门沟通中出现的问题，增强沟通效果

第三节　员工关怀，增强员工归属感

近年来，市场竞争日趋激烈，员工在工作、心理等方面的压力也随之加大。如何给企业员工减压，增强员工的企业归属感已成为企业人力资源管理工作的核心内容。员工关怀计划和福利计划的制订和实施，能让员工拥有阳光心态，营造出和谐、融洽的团队氛围，增强员工对企业的满意度和归属感。

一、管理层关怀，让员工感受重视

管理层的关怀方法见表7-8。

表7-8　管理层的关怀方法

序号	层面	具体内容
1	企业高层的关怀	（1）入职欢迎 （2）重要节日的现场问候 （3）现场视察及关注员工的工作和生活 （4）连续高强度加班期间给员工发信息致谢或为员工送歌送祝福等
2	主管的关怀	（1）一视同仁的管理风格 （2）及时赞赏 （3）正确批评 （4）合理安排工作量 （5）给予适当的工作压力 （6）人力资源主管了解员工的生活困难并帮助其成长 （7）关心员工工作安排、工作压力、生活状况等 （8）在生产线巡视的任意时刻对员工情绪给予关注并进行疏导
3	组长的关怀	（1）早会或休息时可安排与工作有关的游戏 （2）适当安排娱乐活动 （3）通过做游戏，增强员工群体认同感

二、企业生态关怀，营造舒适工作环境

关注员工生态关怀：如加班控制，安排休息时段，确保工作场所安全、舒适、卫生，提供良好的办公设施和设备，合理安排工作空间，改善员工的工作条件，提高员工的舒适度。企业生态方面的关怀方法见表7-9。

表7-9　企业生态关怀的方法

序号	生态关怀	具体内容
1	加班控制	（1）新员工：入职1周内不得连续加班3天，且一次加班不超过2小时 （2）整体加班控制在3小时内
2	安排工作休息时段	（1）白天：15分钟 （2）晚上：10分钟
3	公平、公正地安排工作	（1）员工能力与岗位要求匹配 （2）每个人的工作量都一样饱和 （3）允许员工对工作量的安排质疑
4	营造无压迫感的工作场所	（1）生产场所内有赞扬和肯定的声音 （2）生产场所内不得出现任何责骂现象 （3）早会时组长不要板着脸说话 （4）生产通道顺畅 （5）产品与物料摆放有序

三、培育关怀文化，凝聚员工向心力

建立关怀的企业文化的方法见表7-10。

表7-10　建立关怀的企业文化的方法

序号	建立关怀	具体内容
1	入职欢迎	向新入职员工表示欢迎并给予肯定和鼓励
2	员工生日	（1）点歌：广播系统播放或请组长演唱，或请其他同事演唱 （2）座谈：以月为单位，每月组织过生日的员工进行座谈 （3）加餐：每周为过生日的员工准备特别晚餐 （4）祝福：为员工送上生日祝福 （5）不加班或提前1小时下班
3	入职纪念日	（1）入职满3个月，点歌 （2）入职满1年，发送短信/邮件表示问候和感谢 （3）入职满2年以上，组织座谈或晚会活动等 （4）不加班或提前1小时下班
4	发放福利包	（1）洗衣粉 （2）牙膏/牙刷 （3）香皂/沐浴露 （4）洗发水 （5）洁厕剂 （6）其他
5	亲子活动	（1）参观企业 （2）当日不加班
6	迎新活动	（1）举办迎新晚会，正面宣传企业对员工的关注 （2）通过举办活动的方式让新员工了解企业文化 （3）建立和谐的员工关系
7	离职祝福	通过发送邮件或信息感谢离职员工为企业所做出的不懈努力和杰出贡献，以表达企业自始至终对员工的关注

四、多元关怀，满足个性化需求

员工关怀的对象为企业内所有员工。按照员工成长历程和工作性质等要求，企业可将员工分为四种类型，并根据不同阶段的战略，分阶段、分层次地对员工实施具有针对性和差异性的人文关怀，如图7-22所示。

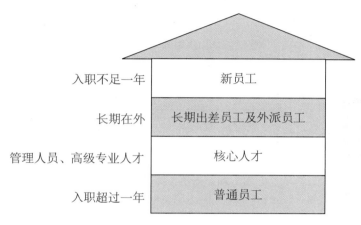

图7-22 员工关怀的对象

（一）对新员工的关怀

1.新员工关怀的重点

新员工是指新加入公司、工龄不足1年的员工，包括新入职的应届毕业生、新入职的员工和来自并购企业的新员工等。对于新员工来说，最常见的问题莫过于"水土不服"，即不能顺利地适应新的环境或融入新的团队，从而造成情绪低落、状态不佳、效率不高。

企业管理者要注意新员工如图7-23所示的两个方面。

角色转变

新入职的应届毕业生面临从学生到企业员工的角色转变，即心态的转变。企业要派工作经验丰富、工作业绩突出、与大学生有共同语言的员工来帮助他们完成转变，最好是工龄不长的优秀员工代表

文化融合

新入职其他员工需要进行文化融合。企业要派工龄较长、非常了解企业文化、贡献较大的员工来帮助他们完成文化融合。对来自并购企业的新员工要重点进行整体文化融合，让他们尽快认同企业的核心价值观和文化理念

图7-23 新员工关怀的重点

2.新员工关怀的方法

新员工关怀的方法见图7-24。

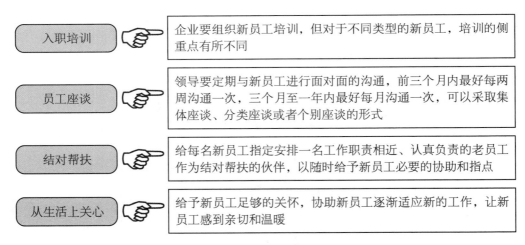

图7-24　新员工关怀的方法

（二）对长期出差员工及外派员工的关怀

1.长期出差员工及外派员工关怀的重点

长期出差员工及外派员工主要包括长期出差在外的业务人员、长期外派的管理人员等。对于长期出差员工及外派员工来说，最大的问题是由于工作性质约束，不能经常回家，家庭负担比较重，从而在很大程度上影响员工的工作积极性，最终可能造成人才的流失。对长期出差员工及外派员工实施关怀时要注意以下两个重点，如图7-25所示。

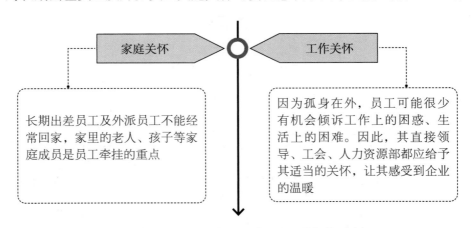

图7-25　长期出差员工及外派员工关怀的重点

2.长期出差员工及外派员工关怀的方法

长期出差员工及外派员工关怀的方法如图7-26所示。

工作关怀	家庭关怀	持续关怀
要求其直接领导每月主动与其沟通一次，了解工作情况、生活困难，让员工感到被关心和温暖，从而提高员工的归属感	根据信息调查与统计，有选择地对员工家里的老人、孩子、配偶的生日、特殊节日给予相应的关怀；同时企业应尽量帮助解决家庭存在的困难，如孩子上学、老人就医等	做到"三必访"、节日关怀等关怀方式持续开展，让员工始终能感受到企业对自己的关注，从而提升员工对企业的忠诚度

图7-26　长期出差员工及外派员工关怀的方法

（三）对核心人才的关怀

核心人才是指对企业发展具有明显影响并在某方面"不可代替"的员工。企业要注意培养核心员工的成就感和忠诚度，让他们的价值能够充分体现。价值共建、价值共享是核心员工与企业互利双赢的关键。

1.核心人才关怀的重点

核心人才主要涉及人员的专业知识和专业技能等，可以将此作为鉴别其工作绩效和发展潜力的素质特征。根据核心人才的特点，通过建立联系制度、培训制度、实绩考核制度、动态管理制度和责任管理制度五个方面来加强对核心人才的培养与管理。

（1）将核心人才的培养纳入企业教育培训计划，重点培训，优先培养，以提高其忠诚度。

（2）使核心人才个人的职业生涯规划符合企业的发展状态，从而使核心人才能看到自己在企业的发展空间。

（3）针对核心人才的自身特点，制定工作激励制度是提高其工作满意度的重要途径。

2.核心人才关怀的方法

核心人才关怀的方法如图7-27所示。

工作关怀	员工健康关怀	持续关怀
要求其直接领导每月主动与员工沟通一次，了解员工的工作情况、生活困难，让员工感到被关怀和温暖，从而提高员工归属感	处于此层面的员工一般工作压力较大，在维护自身身体健康上投入的精力不是很多。因此企业的主管领导、人力资源部等都可将其作为关注点，组织员工体检、开展体育活动等	主要针对员工子女、父母的关怀，可由企业组织与员工子女相关的活动、为员工父母安排体检，以及将员工在企业的优秀表现等信息反馈给其家人，增强家人的荣誉感

图7-27　核心人才关怀的方法

（四）对普通员工的关怀

普通员工是指入职满一年、分散在各部门各个专业岗位上的员工。这些员工的所在岗位普遍为专业性工作岗位，稳定性较好。企业对员工关怀的聚焦点在于通过关怀活动增强员工的团队凝聚力、企业归属感和感恩心理，以此激发其在普通岗位上不断提升绩效、提高专业水平。

1. 普通员工关怀的重点

企业对普通员工关怀的重点如图 7-28 所示。

1	搭建畅所欲言的平台，鼓励员工分享个人感受，交流工作经验，并为企业发展建言献策。这不仅为员工提供了倾诉心声的渠道，也助力企业广泛收集切实有效的建议，为企业的持续发展筑牢根基
2	强化后勤保障工作，主动关注员工需求，积极协助员工解决困难。无论是工作中的难题，还是生活上的困扰，企业都全力以赴提供支持，让员工切实感受到家一般的温暖
3	组织丰富多彩的活动与比赛，以此增进员工之间的沟通交流，提升团队协作能力，增强企业的凝聚力，打造一个团结奋进的工作氛围

图 7-28　企业对普通员工关怀的重点

2. 普通员工关怀的方法

普通员工关怀的方法如图 7-29 所示。

培训辅导	工作激励	日常关怀
对于知识和技能不足的员工，企业可以通过培训来弥补，并采用组织岗位竞赛或其他竞赛的方式激发他们的学习热情	要求其上级主管及时对其绩效进行反馈，并对其予以表扬或提供工作辅导，使其感受到组织对其成长的关注，从而提升其工作积极性、团队凝聚力	做到"三必访"、节日关怀等，让员工始终能感受到企业对自己的关注，从而提升员工对企业的满意度

图 7-29　普通员工关怀的方法